本成果系

北京电影学院教务处本科教学质量提高项目支持

北京电影学院基础部

# 我的艺术观

○ 全颖华 主编 ○

Views on Art

CFP 中国电影出版社

2018 · 北京

# 目　录

# 墨水和印油
## ——我的艺术创作观

2009级动画学院 / 郭书廷

说到画漫画，是我很小的时候的梦想了。到了这么大再说“梦想”，不知不觉有些觉得难为情，好像梦想这个词不属于已经长大的人。小时候看着各种漫画，常常羡慕地不行，孩童时代富有想象力，常常幻想自己的世界有着什么样的背景、有着什么样的能力，那么我要做什么什么样的人！通常一发这样的美梦，能够让一个孩子至少傻笑两堂语文或者数学课，于是大概这就是最最本初的创作欲吧。

而后说来也算凑巧，小学时候攒下饭钱买了一本漫画杂志，刚好在介绍北电的动画学院，那时候对大学哪有什么概念，只知道如果喜欢动画和漫画的话考上这里不就太好了，没想到事情这么凑巧，期间经历了很多不是巧合的巧合和几段难忘的经历来到了学校。算来距离当初立下那个想法，足足有九年。对于未来的期待自是不必说，暗自在心里打定了主意，当初在心里期许给自己的那些小世界，总有时间把他们实现。

像漫画这样的东西好像一直和梦想这个词挂了钩，从来都是一起出现。后来我取得了些小成绩，很快得到了机会连载故事漫画，于是开始筹备。其实很多人大概和我一样，对一个故事的创作欲大概就是一瞬间看到的什么景象，例如看到一个女孩子在雨里驻足，手里拿着把收紧的伞，或是一把锈迹斑斑的竹笛浮在水面上，于是开始想象和补完这个画面的故事，女孩子遇到了什么事，笛子是谁的，这些模糊的想象成为最初的创作的胚胎。

但是什么样的作品都可能面临着审视，这个审视让你的作品不再属于自己，你需要去考虑这些东西的所有部分，编辑要你圆满要你精妙，要你自圆其说，所以从一开始模模糊糊的概念性的构思，就要慢慢披上一些模式化或是风格化了的硬壳。从它还没出生，就要一遍一遍被来自这个世界的常识和构架规则，正因如此那些东西慢慢就不属于你，最后变成你不认得的样子。

这和大家常说的自我、本我和超我有点相像，如果想创作出好的作品，需要这三个元素统一起来相互平衡。可是梦想是属于哪个我呢？看着一遍一遍为了追求缜密而改过的剧本大纲，为了符合逻辑和心理学一点一点变化的翻天覆地的角色，经常想，想学这些是为了什么，是为了画出连自己都不喜欢也不认识的故事吗，是为了创作而生活还是为了生活而创作？

后来投入得多了，也就慢慢淡然了，比如有苦恼本我自我和超我的时间，不如拿来思考下用什么样的情节来取悦读者，说来真的蛮好笑。漫画还是那个漫画，在创作还是在创作，但是就是和你为之倾倒的世界不一样。

梦想呢，并没有抛弃过任何人，也没有达到让任何人无法企及的高度，更没有抛弃过大人。只是人在长大的过程中慢慢地学会放低梦想的价值，慢慢地没有了勇气。和以前自己死死抓着的那些自己深爱的属于自己的角色们说再见，放弃掉所有对自己的期许。最终和大多数一样，变成了以前自己反感的大人的样子，像他们一样对自己的孩子和自己说着“如果没有那么多的资本和勇气可以用来追求梦想，现在先放弃好了，以后有的是机会”。

# “永远的未央歌”
## ——散议艺术作品中的情怀

2009级动画学院 / 程澈

美国漫画有一个独特的类型：超能英雄漫画。其故事往往是主人公通过基因变异或者尖端科技，获得超于常人的能力（多为五花八门的战斗能力），利用这些能力，打击邪恶的犯罪者，弘扬正义。近些年来，又渐渐由单独系列中的单英雄作战，发展为各系列中的英雄集体作战，甚至建立起自己的超能力战斗组织，电影《复仇者联盟》便是在讲这件事。这些超级英雄的能力无奇不有，神力、变形、飞天遁地都已经是基本技能，更有甚者，可以穿越时空，改变自然规律。

在这些漫画之中，偏偏有一本《守望者》，在超级英雄的主题下，几乎每一位英雄都是赤手空拳的普通人。这部漫画由美国的鬼才漫画家阿伦·摩尔于1986年创作，经美国最老牌的超能英雄漫画出版商DC漫画公司（超人、蝙蝠侠均为旗下人物）出版，并于2005年入选的《时代》杂志100部最佳英文小说之一。

这本看似为超能英雄漫画，实际内容却可以算得上是“美国伤痕文学”，该作创作于美国的20世纪80年代，带着浓浓的阴谋论和末世论的冷战气息。故事中出现了两代英雄，第一代英雄最早出现是为了填补法律空白而自发蒙面上街打击罪犯的义务警察，渐渐成为一时的风气，涌现出各色的蒙面英雄。这其中有退伍的军人，有一腔热血的小警察，有精于滑行的飞行员，甚至还出现了产生于各类商业活动的英雄，这些英雄集中起来，一起计划打击犯罪，却逐渐发现现实的复杂。慢慢地，这些人有的在行侠仗义中丧生，有的退休了，也有极个别的成了政府的特工。第二代则是在第一代的事迹传说中成长起来，也同样带着各自不同的出身、不同的信念，同样地蒙面打击罪恶。再到后来，赶上政府颁发了禁止蒙面的法案，结束了蒙面英雄的历史。

故事便在蒙面英雄成为历史的几年后开始，昔日的蒙面英雄“笑匠”在自己的公寓中被谋杀，仍在顽固地蒙面打击罪犯的“罗夏”怀疑有人杀害蒙面者，对此展开调查，由此各位昔日的蒙面英雄纷纷亮相，不得不回忆起曾经的生涯，面对新的选择。在这当中，不同的英雄性格不同，信念不同，如今的境遇也不相同。有坚决不肯摘下面具，带有法西斯色彩，坚持极端正义的“罗夏”；有早已沉浸在平凡生活中，只偶尔怀念一下过去的“夜枭”；有延续曾经的蒙面英雄母亲的愿望，从小被培养成英雄，却从心里厌恶这种生活的“丝鬼二代”；有将自己的英雄形象做成玩具，获得巨大商业成功的“法老王”；还有本作中唯一一个拥有超能力的“曼哈顿博士”，代表美国对苏联的核威慑，隐喻现实世界中的核武器，被控制在军方。

这些人物的过往和现状给读者带来的是一种深沉的情怀，每个人物都对应着现实生活中的一部分人，每个人都能在这里找到自己的共鸣。

写到这里，我想起2005年的台湾民歌运动三十年纪念演唱会。演唱会的主题叫作“永远的未央歌”。台湾的民歌运动发生在20世纪70年代末到80年代初，由画家李双泽的一声怒吼“我们到底有没有自己的歌？”开始，展开了全社会关于本民族音乐的大讨论，掀起了一股创作民歌的热潮。三十年后，当年那些探索“自己的歌”的年轻人再度聚到一起，唱起当年的歌，这便是“永远的未央歌”演唱会。这场演唱会给我最大的感受是这些人三十年的变化。

罗大佑、蔡琴到如今一直在唱歌；吴楚楚成立了唱片公司，为后辈做推手；李建复成了新浪网的创始人之一，如今是雅虎北亚区企业服务副总裁；刘文正功成身退，隐居国外；杨弦修佛多年，如今致力于研究中药治癌；杨祖珺投身公共事业，成为民进党创党元老；当初年纪最小的包美圣大学毕业便结婚去了美国，后回国从事投资顾问。年轻时经历了一场轰轰烈烈的运动，三十年后，这些人的生活轨迹、各自的命运一起摆在了我们眼前。

《守望者》这部漫画便是这样一种情怀，它在最天马行空的题材之下，体现的却是每个人都曾有过的经历，年轻时的热血沸腾和渐渐成熟，在现实面前的妥协，在世界变化中的选择。在艺术作品中，常常存在与现实生活有所区别的假定性，但伟大的作品体现的一定是“人人心中有”的最真实的情怀。

# 我对艺术的感觉

2010级导演系 / 伊力奇

其实年轻的我谈不上什么艺术观，只能是说我对艺术的感觉。本人是学习导演的，所以谈论的当然是电影，对于电影艺术我觉得我们可以先从我对于好电影的评判标准开始。一部电影的好坏决定它的因素有很多种，比如摄影师、编剧、导演，或者也可以说是画面、故事和表演。曾经有一位老师和我说，当你把一个碟片放入影碟机看了开头五分钟后一口气就看完的一定是一部不错的电影。他所说的意思无外乎是节奏流畅，引人入胜。还有人和我说看一部电影好不好一定要看他的故事介绍，当你看完故事介绍后提不起兴趣看，那么对于你来说它不能是一部好的电影，而这一位说的无外乎是指个人喜好。有些人看电影只看画面优美的，故事对于他来说并不重要。有些人则是只看明星表演，而且往往会追随那位明星一辈子。而有些人则喜欢看故事结构好节奏流畅的电影。综上所述一部好的电影的评论标准有很多很多，而我的标准可能也是我试图希望讲清楚的我的艺术观——不矫揉造作。

谈到不矫揉造作可能很难去说清楚什么是矫揉造作，我个人觉得在电影中不贴近生活就是矫揉造作。去年有一部院线电影《小时代》，影片中的男女主人公充斥着对于金钱和根本与现实不符的生活方式的崇拜与幻想。影片中说男主人公有钱有势，旁白提示说他享受着最好的食物最好的居所。我觉得在中国生活并不是有钱就能享受到最好的食物，如果不相信请参阅《舌尖上的中国》。所以这就是矫揉造作。还有比如说一部电影里当年轻的男主人公站在夕阳下的海滩上，穿着光鲜亮丽，一站就能站到傍晚，但是他却为了金钱而苦恼，这不显得可笑吗？我常常在这种时候怀疑剧作者的智商。你随便问问现在中国的亿万富翁，问问他们年轻时创业的时候有那么长时间苦恼吗？还穿得那么好？所以贴近生活应该是头等标准。

在临毕业之际，老师们纷纷给学生写寄语，我的师傅姜伟老师在给我们的寄语里写道："认真生活，热爱生活。"当时我在他后面看完了说："师傅，这也太形式化了吧。"师傅回头看着我激动地说："你们现在根本就不懂这个，你们没有发现生活的重要性。所以艺术一定是贴近生活的，那句话怎么讲？艺术来源于生活而高于生活，我觉得在中国电影里普遍犯的错误就是根本不来源于生活而假装高于生活。所以我觉得观察生活这个行为非常重要。"

记得有一次和朋友在北医三院附近漫步，途经很多饭店，迎面走来一个男子，身上挂着佛珠多串，而且还是特粗特大的。当男人和我们擦肩而过后朋友忍不住开始笑并怀疑该男人的品位，这时我淡淡地告诉他其实男人是做生意的，他是卖镇店之宝的，不信你看。待我说完朋友看着男人走去的方向，只看男人一家家进入我们经过的饭店一家家的被轰了出来，当被最后一家轰出来时嘴里还大喊："这是南海菩提子，保佑发财啊。"朋友这时不再继续笑，他好奇地问我怎么看出来的，我只告诉他不是看出来的，而是之前看过。这种上门推销的人谁都看过，只是看你留不留心观察他们，他们大都是推销一些比较奇怪的东西。如果东西不奇怪，谁又会上门推销呢。

说了这么多也该结束了，我并不是一个善于写作的人，并且写得多了就没有重点可言了。最后我只想说我的艺术观念是推崇生活至上，一切脱离现实的艺术仅为矫揉造作。

# 我对艺术的看法

2010级导演系 / 崔晨

我记得艺术的起源有好多不同的说法，一种说法是起源于劳动，另一种说法是起源于原始的宗教，好多派别争得不可开交，但是我觉得艺术是自我的一种表达，受到当时当地的社会环境与历史背景的影响，是创作者面对一些事物的所思所想，通过自己的加工变成一种作品，到此还不算，还得由读者去观看体会其中的或好或不好，或喜或悲等等的感受。有了读者或观看者的主观感受，通过作品与读者建立起某种感情联系，我觉得艺术才算成功，否则就是一个作品而已，没有情感的建立，我觉得不能称其为艺术。

人在解决了基础的物质生活以后，总会追求一些精神层面的东西，每个人都是艺术的载体创作者跟受众，生活之中艺术其实是无处不在的，比如说人们要练字都想自己的字写得漂亮些，人们听歌，或者旅游拍照，这些细枝末节的事情都体现着人们的艺术观跟艺术感觉。艺术是无穷尽的，表现形式也是多种多样的，每个人对艺术的认知也不同，一千个人心中就有一千个哈姆雷特，这是最有意思的地方，千人千面，客观上也造成了艺术的丰富多彩。

艺术是对现实的再加工与再创造，有人说艺术是孤独的。我觉得要分在什么时候，在一个想法形成之初，且这个想法只在你一个人的脑子里存在的时候，形成它的过程肯定是寂寞的，孤独的，但是在形成的过程中应该是越来越快乐的事情，最后把自己的作品分享给别人，别人与你有共鸣，个人觉得此时是最幸福的时刻。

我觉得风格化是所谓艺术成功的一个先决条件，先有共性，然后再从共性中提炼出的个性化的东西，形成个人风格化并且不断地去完善自己风格化的东西才是一条基本的道路，大师们好像都是这样的。就像只有横平竖直写好了，才能写别的字体一样。

艺术应是时代步伐的见证，是作者思绪情结的直接流露。还有一些艺术对准的是苦难，对苦难的记录，在社会动荡的时期苦难总是发人深省的，或者是艺术作者自身所经历的一身苦难，在自己的作品中的流露。所以说社会与历史的客观因素会造成不同时期的不同艺术作品，并且在特定的时期集体爆发。

当今无论是音乐、绘画、文学创作，还是电影等领域，都弥漫着一股市场化的浮躁风气，导致好多艺术作品质量低下，唯利是图，很少有人能潜下心去真正的感受生活，去好好创作。殊不知真正用心去创造，体会生活有所表达有所希望的好作品肯定是受人喜欢，受市场喜欢的。

作为一个艺术创作者应该是有良心的，不光是要有基本的创作素养，更要关心社会，艺术创作要有社会责任感，不光是要理解体会生活，更要体会苦难，体会不同人的生活。艺术创作是离不开人的，真善美与假恶丑，离不开人性，离不开生活。人在生活之中的各种挣扎，都会体现在艺术中，只有关心生活关心人，艺术才能称之为艺术。否则我觉得都是空谈。艺术是美好的，给人希望。正如鲁迅在《野草·希望》中所说：“绝望为之虚妄，正与希望相同。”

# 我的艺术观：关于漫画艺术的认识

2010级动画学院 / 马小越

提起艺术，很多人都讳莫如深。我认为，能够从最本质的情感上引起人们共鸣的事物都可以划入艺术的范围。从这种意义来说，艺术是大众化的，人人都具有创造艺术的能力和欣赏艺术的能力。就从我本身所学以及所感兴趣的漫画讲起吧。在中国，漫画在很多人眼中是给小孩子看的，被认为是很幼稚的东西，很少被认为是艺术，但在文化产业更发达的国家，漫画和电影文学等文化艺术一样都受到大众的认可，其手稿、插画也作为收藏品受到收藏家及博物馆的青睐，为艺术殿堂增加了许多不同的色彩。

漫画的艺术性在于它能通过画面及故事两个层面感染读者，令读者感同身受，引起精神上的共鸣，这一点与其他艺术门类相通，一是离不开我们作为人类的共同生活习性上的认可、理解；二是我认为十分重要的一点，在全球各地的漫画创造者，他们自身的文化土壤根基，就是不同民族、人种的独特魅力。作为艺术创造者，他们应能由本民族的历史连接未来，从民族通向世界，有自己的文化针对性，这样一来，作品本身就具有了独特的个性，也成为构建新艺术的一大因素。每个民族的民族艺术，都是这个民族的精神火炬，是由这个民族长期历史积淀的智慧结晶，也是民族整体心理结构与精神力量的象征。作为包含在审美文化之中的漫画创作，不仅要深深植根于民族文化的土壤中，而且应充分体现本民族文化的魂魄，将这种精神上的感染力传递出去。这种涵盖于民族艺术之中的创作，不只是在文艺领域，而且在整个人类文明史上，都是一个民族不可消解的独立的生命之树，是被世界认可与接受的文化桥梁。因此，漫画创作也责无旁贷地高扬民族文化的人文主义精神，发扬光大传统文化的精髓，将之作为自己的神圣事业。在这个意义上说，漫画家本身需要积极汲取民族文化的养分，并以之为根基不断成长。

漫画应具有世界性的语言，能与世界各民族文化交流，在国际背景中展现本民族艺术，在各国人民的心里种下一颗中国文化的种子，使更多国家的人们理解我们，认可中国文化，甚至为之着迷，展现出漫画艺术的独特魅力。

# 我对摄影的理解
## ——我的艺术创作观

2010级摄影学院 / 陈特丽

我的专业是商业摄影。顾名思义，就是指作为商业用途而开展的摄影活动。你付钱，我拍照，简单、直白。事实上，我的专业已经偏离了艺术这条路。或者说，能在商业活动中坚持艺术的摄影师真的是凤毛麟角，至少我是没有这个能力。所以，我的创作观需要和我所学习的“商业”分开来谈。

就摄影本体而言，引用苏珊·桑塔格对摄影的分析：“在大众的眼光里，摄影并不只是一种艺术，它所具有的只是简单的三个功能：一是社交仪式，例如各种各样的纪念照片；一是对不安的防御，例如在旅途中抗拒感情的迷乱的方式；一是权力的工具，提供证明和解释”。这是我所信仰的观点。现在的我认为摄影作为一种表达手段，它的艺术就是它的本质——记录。

我们出生，成人，婚嫁，寿辰，逝去，照相机的出现使人感觉到这是隆重的场合，但是闪光灯移开后又能留下多少有价值的画面？这却不是大家关注的了，只要照相机出现便已足够。照相机或许为城市人的高频生活释放压力、排遣焦躁提供了介质。当一个高节奏生活的人脱身出城市，扑向大自然，大概他首先想到的就是一台照相机，缺了这个，旅途便不再完整，这个现象已经是越来越普遍。照相机捕获真实，提供证据，在PS的概念未被普及之前，抵赖者面对哪怕是黑白模糊的影像，也会莫名地心虚。

假设我为了拍照而拍照，或者说是为了得到“理想的”照片而拍照，这可能就偏离了观看的意义。刚入学的第一年课程，相反于高中时期随性的拍摄方式，我们被布置作业，为了完成老师提出的要求。大概是曾经随性惯了，这种受教的方式让我经历过相当一段时间的无所适从。机械麻木地举着相机，神经质地去苛求细节，私下看拍出来的东西，常有种不真实的感觉，陷入尴尬的境地。自从认识到这个问题后，我便很少再带着我的单反出去游玩。虽然现在看来，这更像曾经的反叛心理。

虽然照相机是一种工具，但摄影这一行为却不仅仅是一种消极观察。“这至少是一种心照不宣地、经常是露骨地鼓励正在发生的一切不断发生下去的方式”，书上曾经这样说：“拍摄照片就是对事物的现状以及保持不变的现状（至今只要在拍摄‘好照片’时）拥有兴趣，就是进入一种只要能使被摄对象成为有趣的事物，即值得拍摄的事物——这包括他人的痛苦与不幸也成为一种兴趣对象——这么一种同谋共犯关系”，这段话在初读的时候没有特别的感悟，只是写这篇文字时再次读到这里，茅塞顿开。

摄影能帮助我们收集世界吗？这其实是一个值得思考的问题。

世间万物以各种形态角度被展现，数码时代让照片更加紧密依附于生活，我们只需轻按快门，眼前的现实即被捕捉。自此，所有的照片都唾手可得，数以万计的摄影集、千奇百怪的摄影展，再加上四通八达的互联网，各种题材应有尽有，种种现象似乎让现代人产生了错觉——摄影帮助我们更好地认识这个世界。可惜摄影并非是现实的复制版，它展现的是场景的真实，而非事情的真相。它会撒谎，会美化现实、篡改现实。作为记录的工具，进化为编辑的工具，摄影本身也会不开心吧。

我的摄影，只希望尽可能客观地记载我了解的世界，照片应是生活的副产物，生活的一部分，而非先于生活的存在。“当人类生存的世界发生令人头晕目眩的飞速变化时，相机开始对世界进行复制。各种生命形式正在最短的时间内遭受最大数目的毁灭，恰在这时，一项把消失中的事物记录下来的发明出现了。正如影集里保存的已故亲友们的照片能消除他们的离世给人们带来的恐惧感和内疚之情一样，那些现在已被推倒的老房子的照片和那些现在已面目全非、变成不毛之地的乡村地带的照片，成为我们与过去之间的唯一联系。”这就是我的拍摄目的。

# “接地气”和文化底蕴
## ——我对图片摄影的思考

2010级摄影学院／薛凯文

在当代艺术领域中，艺术家创作观种类繁多，这主要是因为每个人从小所经历的事情不同，接受的文化教育不同，家庭背景也不同；其次，是因为随着社会的发展，人们每天所接受的信息也不一样，艺术源于生活，因此艺术家们所创造的东西也变得种类很多，甚至有些东西是并不为普通大众所理解。而在当今这样一个艺术品繁多的年代，我们要追求一个个人色彩较鲜明的属于自己的创作风格。

### 一、艺术创作需要易懂

我的专业是摄影，在当今这个读图时代，图片并不稀奇，大街小巷，报刊书籍上，图片无处不在。我认为我们在平时的艺术创作中首先要做到的就是易懂。

经常去看一些展览，有一些当代艺术的展品很难让人理解，也许这样会被创作它的艺术家嘲笑不懂艺术，但是我觉得艺术本身是一种源于生活的东西。记得在大学一年级的时候，我们的老师在看我们的图片作业的时候常问我们一句话：“你想表达什么？”现在才明白他当时是想让我们明白图片是需要大众来读的，让大众明白图片的意思首先要清楚自己想表达什么，所以说艺术不是悬在空中遥不可及的东西，同时也不是因为它这样的“悬空”才能体现出它的神秘，它是需要大众来欣赏与评价的。艺术家应该从一个贴近人们生活的角度出发，来进行创作。

一个国家的发展也并不是光从国家财力、武力等方面来衡量的，决定一个国家发展之一的是一个国家的文化艺术底蕴。艺术家的作品必须是能被大众所理解和接受的。所以我的艺术创作首先是要让大家都能读懂我的图片所要表达的是什么，所要向大家传递的是什么信息。

## 二、艺术创作需要文化底蕴

在我看来，艺术创作是需要文化底蕴的，文化是艺术的根基，艺术是文化的上层建筑。现在有很多艺术家创作出来的作品都非常空洞。当代社会中的人普遍浮躁，很多人总是崇尚一些比较虚的东西，喜欢金钱、权利，奢靡之风蔓延，这致使很多的中国传统文化被人们所忽略且慢慢退化。而如今是一个读图的时代，我们可以试想着用图片来宣传中国文化的美丽，这样不但满足了艺术创作以文化为基础的需要，同时也做到了对文化的宣传。例如，知名商业摄影师陈漫的作品中就常常会出现很多关于中国传统文化的元素，我觉得这样不但让她的作品看起来更加有美感，同时还向喜欢她的年轻人宣传了我们所不了解的文化。

因此，在现在这样一个浮躁的社会中，我觉得图片的艺术创作必须要注意艺术创作过程中对传统文化的关注，因为大众每天所读到的图片时刻在影响着他们。

在我的艺术创作中，我认为这两点是非常重要的，艺术是一个接地气儿的东西，它是需要大众来观赏，它也是需要文化来支撑的，没有文化来支撑的艺术就好像是没有灵魂的木偶。所以，在平时拍图片的时候我总会思考我想表达什么，我的图片中是否有文化内涵，是否有文化的支撑。

# 观众至上

2011级文学系 / 李昂

我只想做出观众喜爱的作品。我的艺术观，概括起来，就是观众至上。

艺术的价值在于被承认。历史长河大浪淘沙，打磨冲洗出不少真金，但我们也不能否认，还有很多优秀的作品和优秀的艺术家，伴随着时光慢慢远去，甚至从来都不被人提起。

如果不能被观众认可，艺术的价值何在？

电影作为一种大众艺术，观众的认可是评价电影优劣的重要方式。电影又是一种商品，票房的重要性是不言而喻的。你不能随便找人给你投上几千万砸出一个东西，然后赔得一干二净，这是一种不负责任，是对投资人的不负责任，更是对观众的不负责任。

观众观看电影的主要途径，一定是一轮放映，不论放映的途径如何。所以，拍一部给未来的电影是没有意义的。太阳之下，并无新事。电影记录的是各种各样的人情世故，这些在每个时代都是相同的，人都是同样的人，都经历着同样的生活与情感。想期待从未来几十年之后传来掌声，这是一种虚妄。

自我表达与观众趣味是不相冲突的。我们所面临的问题不是自我的高深，而是故作高深，更可怕的是自以为很高深。读《看见》的时候，特别喜欢陈虻说过的一句话："事实就是事实，没有对错。你妈是上帝，不可能错。错的只有在你，是你没有表达好。"作者只是一个或者几个的个体而已，而观众是一个群体。这个群体比个体多出几亿个大脑，无数的神经元，上千万种经历和人生体验。如此这样，没人能恬不知耻地说观众肤浅。

观众很深刻，是我们太肤浅。并不是观众不懂，是我们没有表达好。

孟中老师在课上说，我们应该用离生活最远的事与人，来表达离生活最近的感受和情感。对于这一点，我不能认同更多。而现实中，我们往往反其道而行。我们常常是希望用生活中的普通琐事，来表达我们自己的微妙的情感和感受。面对这些微妙的感受，我们太容易想当然，从而忽略了生活的真实，忽略了观众的思维和感情的逻辑，这样就容易做出脱离现实的，甚至是傻的可笑的东西。

有人认为讲票房是庸俗，我想不如说是现实。好莱坞的每一部高票房影片，都可以看出后面整个团队的呕心沥血。观众不会为庸俗买账，只会为好的作品买账。你可以不喜欢《人再囧途之泰囧》，但你不能因此而认为观众庸俗。毕竟赢得好票房的不只是一种类型，或者是一种片子，就像《人再囧途之泰囧》赚得票房的原因，是提供欢乐而不是肤浅搞笑。

艺术观没有对错，我唯一可以做的，就是按照自己的想法去做。我用三年的时间，做出了选择。其中最重要的一条，就是观众至上，这是我做电影的信条。

# 画面先行和剧作先行
## ——我对电影创作的思考

2011级摄影系 / 杨瀚笙

也许与一些典型的摄影系学生不同，我的创作观并不是人们印象中类似于画面先行的模式，而是可能倾向于导演意识和剧作先行。这个观念在本学期的专业课（电影创作课）上曾经被“否定”过。老师认为剧本先行便会使得其他部门进入到一个“一切为剧情服务”的误区，也正是这一误区一直影响着中国学院派的创作。对于这一观点，我虽不能反对，但也不尽苟同，我认为这是一起典型的由于摄影系教师多年来养成的创作习惯的影响而造成的“个案”，就如同文学系同学的作品总是习惯以剧情为主导，导演系的则是跟着导演的感觉走，表演学院自然也会更加注重好的表演而忽略其他部门的创造力一样。

在鄙系中自有一大波认为“好的画面便是一切”的同学活跃于各大毕业联合作业中，他们的画面被各种老师和师哥追捧，而他们自己的作品却连基本的故事都没法说清，以至于同级摄影水平最好的同学评判他人作业好坏的最高标准仅仅是“能讲清故事”。从这个令人啼笑皆非的个例中我们不难窥出现如今整个行业的退步（国内），进一步能推断出前辈们定下的“剧作先行”的金科玉律并不是我辈就能轻易撼动的。这也是许多人因捉摸不清“票房黑马”成功原因而挠头时忽视掉的东西：它们仅仅是讲了个不错的故事而已。

我的艺术创作观就与以上陈词滥调中的观点类似。我也始终认为一部电影中剧本便是心脏，导演是大脑，摄影美术录音等等是四肢，心脏都不好好跳了，管你是博古特还是菲尔普斯，都没用。

这种略显偏激的观点大抵是由于自己看了太多好莱坞黄金时期或良或莠的作品。

正如另一位老师提到过的："成功的作品成功的原因是相同的，失败的作品失败的原因是千奇百怪的。"人们可以把黄金时期优秀作品成功的原因归结于有票房号召力的演员或导演，但现今有号召力的演员导演比比皆是，不也诞生出了《三枪拍案惊奇》和《无极》吗？当年一个广告导演宁浩拉着几个当时的三线演员不也拍出了《疯狂的石头》吗？

忽视了摄影或其他虽不能言成功，但忽视了剧本必然不会成功。

俗话说"男怕入错行"，我一直感慨自己进入了一个与自身气场不是很搭的院系，但到了大三再回首，却也不能发现一个更适合我的专业了，似乎只有美其名曰"培养全面人才"的电影制作班更适合我，这也许就是一种"既来之，则安之"的劣根性吧，虽然我始终赞同陈丹青说的"人才都是偏才"。

我曾在大一刚入学时选修过李晶老师的"当代小说赏析"课，那时是为了配合理解系里开设的"文学作品精读"课。时隔两年，虽不能说有什么太大的进步，但我至少明白了一些"不能同意的观点"，这也是我为什么再次选修"当代小说与电影改编"的原因。

在我的意识中，我不只希望成为电影之海中的一粟，还希望成为"一只特立独行的猪"。就像林志炫版《浮夸》中唱的："如果够出色却不能出头，至少也做到没第二个我。"

以上便是我的艺术创作观。

# 我的声音艺术创作观

2011级录音系 / 孙熙皓

艺术创作指艺术家以一定的世界观为指导，运用一定的创作方法，通过对现实生活观察、体验、研究、分析、选择、加工、提炼生活素材，塑造艺术形象，创作艺术作品的创造性劳动。艺术创作是人类为自身审美需要而进行的精神生产活动，是一种独立的、纯粹的、高级形态的审美创造活动。艺术创作以社会生活为源泉，但并不是简单地复制生活现象，实质上是一种特殊的审美创造。

这是百度百科对于艺术创作的定义，应该算严谨和全面。但是我所认为的艺术创作不是那么抽象的东西，我觉得艺术创作或者说我的艺术创作观是把我的感受我的想法传递给别人，这就是我所认为的艺术创作。

我觉得，艺术创作不应该被“艺术”这个词所控制，而应该更多在“创作”上。人们往往觉得艺术创作就一定是创作“艺术”，无意间给之盖上了“高大上”的帽子，我觉得这是不公平的，其实很多我们日常生活中的人和事，都是在艺术创作。他们往往只是在传递他们自己本身的感受，从而带给了别人类似的共鸣，我觉得这样的艺术创作就是成功的。

所以我觉得艺术创作，最重要的就是传递。我是一名录音系的学生，从事和声音有关的学习和研究。我并不是音乐创作方向的，而是电影录音方向的，我们对声音的创作体现在另外一个方面。比如，在什么地方加什么音效，怎么和音乐配合，什么样的声音加什么样的处理，是低频重一些还是高频更尖锐些，这部戏的声音质感是什么样的，是更有颗粒感还是很干净，这一切的一切，都取决于我们对于现实生活和片子想要表达的艺术诉求有关系。而这个标准怎么定？除了生活常识外，更多的就是录音师自己的主观创作，而录音师的创作，直接影响到了最后观众的视听效果。

在录音师混音的时候，观众只有自己和导演，这一切的创作过程，实际上就是两个人的艺术诉求的某种协调，而最终能带给观众的效果，实际上就是这两个人对这部片子的理解和感受，这就是我认为的艺术创作。

有句话说的好，要感动别人，先感动自己。我在调音的过程中，加入我自己对于这部片子的理解，加入某个片段我想要的艺术效果，最后传递给观众，我觉得这就是一次成功的艺术创作。

所以我认为，传递是整个艺术创作的最核心的部分，一次成功的艺术创作的关键，就在于能不能把你的理解和感受，完整的传递出去。这就是我的艺术创作观。

# 艺术：以笑写哭的力量

## ——从《活着》和《许三观卖血记》说起

2011级录音系 / 何仡

毫无疑问，余华可能是当代文坛中文笔最糟糕的作家之一。白描几乎是他唯一的技巧，但也正因为他不善经营技巧，所以他更能让人迅速进入他笔下的世界。他始终不断诉说着自己对现实世界中人与人命运的思考，迷惑和怀疑。他笔下一幕幕的人生悲剧，一个个无法逃离的厄运一直带给我对人、对人生的深深思考。

《活着》与《许三观卖血记》两部小说都带给我相当大的震撼，由这种震撼所带来的欣喜至今还在我的心底存有余温。这两部小说都以社会底层，极具灰暗色彩的小人物为主角，用冷静的语调讲述他们的故事，表达了作者对人类生存状态的关注，文字却传达出一种温情之感。作者几乎没有使用华丽的辞藻，客观冷静的叙述深入人心，这也是余华十分值得称道的地方。其中最让人印象深刻的就是他对这种悲剧故事的讲述，并没有采用煽情式的写法来唤起读者对于小说主人公的同情，取而代之的是，在很多地方他采取了一种类似于黑色幽默的手法来把主人公的悲伤与无奈传递给读者，也就是“以笑写哭”的手法。这种手法放大了悲与喜的落差，容易给读者造成更大的心理冲击。《许三观卖血记》中有这样一个段落，主人公许三观与厂里的女工林芬芳有着微妙的情感，在林芬芳受伤时，许三观去探望，由于情绪所致与受伤的她发生了关系。后来许三观觉得有些愧疚，就靠卖血换来的钱买了十斤肉骨头、五斤黄豆、两斤绿豆、一斤菊花想作为补偿。但是通奸一事后来被林芬芳的丈夫发现，提了许三观买的东西前来问罪，在许三观家的附近闹了个天翻地覆，口口声声地控诉许三观强奸了自己的老婆，他义正言辞地把许三观说得禽兽不如，说得自己声泪俱下。在成功引起了周围民众强烈地反感情绪后，他居然带着提来问罪的许三观买给自己妻子的“慰问品”大摇大摆地走开了。读到这段时，简直让人哭笑不得。这段文字有比较强的黑色幽默性质，到此，读者是觉得讽刺而又幽默的，对于主人公的悲剧感与无奈情绪清晰可见。这就是传说中的“以笑写哭”的威力了，读者在微笑之后便体会到更大的悲凉。在《活着》中，这种段子也可以找到，在此就不再多言了。

同样在两部小说的结尾处，一直伴随在主人公身边的幽默不见了，许三观因不能够再卖血蹲在大街上痛苦，他觉得失去了生命的意义。福贵也只能在一头老牛的陪伴下，孤独地走过剩下的生命旅程。《活着》和《许三观卖血记》虽然在进行的过程中时而有幽默伴随，但到了故事的结尾，幽默却并没有随行。他们都未能消解人生的苦难与悲剧的命运，许三观的幽默风趣，福贵的乐观豁达都随着他们的成长而渐行渐远了，悲剧的色彩在故事的结尾处达到顶峰，为读者营造了一种难以磨灭的悲剧感受。这正是余华悲剧小说的独特所在，也是余华以一个作家的立场对“人”本体的一种关注。无论对任何一种艺术门类，我们面对的永远的核心命题都可以回归到“人的自我构建”上来。余华以富有深度的观察和充满力量的表达为我们塑造能永远占据我们记忆的人物！我想，这也正是他这两部小说能够能跨越时空，随着光阴的流逝反而越来越深刻的原因。

电影从优秀的文学作品中能学习的东西实在太多，如果将来有机会拍电影，我期望能贡献出这样鲜活有力的人物。

# 在生活中发掘艺术

2011级录音系 / 凌焕然

可以说有人类生活的地方就有艺术的存在，艺术跟我们的生活息息相关。那么如何创造艺术，怎样创作一个有艺术价值的作品就成为重要的问题。

“艺术”是人类借助特殊的物质材料与工具，运用一定的审美能力和技巧，在精神与物质材料、心灵和审美对象的相互作用下，进行的充满激情与活力的创造性劳动。它是一种精神文化的创造行为，是人的意识形态和生产形态的有机结合体。

由此可见，任何艺术都是不能脱离生活而独立存在的，脱离了生活的艺术作品只能被称为失败的作品。很多人为了标新立异，创作了一些很小众的作品，有的愤世嫉俗，有的好像看破红尘，超然世外。我们不能否认那些作品的艺术价值，但不能称为优秀的艺术作品。如果没有观众去欣赏认可，那谈何艺术呢？

真正的艺术作品应该是广大人民群众喜闻乐见的作品。我很喜欢早期的冯小刚电影，很有生活气息，嬉笑怒骂之中就把小人物的生活态度和人生感悟表现出来了。有人认为太贴近生活的作品很俗，艺术应该是很高雅的东西。的确，艺术源于生活却高于生活，真正的艺术就是人们在生活中不知不觉的感受和对生命的体验，而这种体验才拥有最珍贵的艺术价值。就拿冯小刚导演的《甲方乙方》举例，几个小人物创办了一个替人实现一天梦想的小公司，虽然只有一天的时间，但是他们尽最大可能满足顾客的需要。尽管没有发生什么惊天动地的事情，也没什么恢宏的大场面，就是讲市井小人物的生活。但这个片子却获得了极大的成功，直到现在还被人们津津乐道地谈论着。记得片子里有一句话：没有爱情的婚姻是不幸福的，而没有房子的婚姻则更不幸福。这样一句俗不可耐的台词，既没有什么华丽的辞藻，更没有愤世嫉俗的宣言，但它却真实地反映出了人们的心声，无论是多么了不起的艺术，都是源于生活的。而贴近生活的作品，才是真正的艺术作品。

而作为一名录音系的学生，在进行声音创作的时候，最先考虑的应该是还原声音的真实。如果力求艺术效果而特意去制作原本不存在的声音，反而是弄巧成拙，不但不会使画面增彩，还会让观众感觉不知所云。声音的创作和艺术的创作一样，都要贴近生活，在生活中发掘艺术，这样才能创作出优秀的作品。

艺术并不是只有大师、圣人才能创作出来的，用心去感受生活，艺术也就自然而然的产生了。只要有一颗热爱生活的心，会去感悟生活，认真地去体验人生，那么你也能创作出优秀的艺术作品。

# 电影与艺术

2011级录音系 / 蒋明峻

身为一所艺术院校的学生，学习着电影相关的专业课程，理应承认电影是一门非常棒的艺术形式。但在我看来，这种认识是主观感受得来的体会，并不客观。

从我对于这种主观体会的感受出发，我认为电影并不是一门纯粹的艺术门类，也就是说它并不能像文字、绘画、音乐、照片一样，作为一个单独并且纯粹的艺术门类，被单独提出来自成一派。因为文字、绘画、音乐、影像艺术，都只能利用作为人体五感之中的其中一感来体味，并且其作者仅仅可以利用这一感来传达出其想要表达的信息，纯粹并且直接。

从艺术角度来评价电影，并不能拿任何一个诸如声音、光影、故事的好坏来得出任何有意义的评价，因为电影作品可以将各种艺术形式集中为一体，并且围绕一个像真实世界一样的“流动的”画面展开创作。在一个半小时时间里，观影者可以从中获得几近真实生活的感受，这种感受利用影评所表达出来的内容在这个人的思维里只能是九牛一毛，就像一个人永远不可能用语言来完全表达他的感受一样。

今天的世界里，艺术已经越来越远离我所能理解的艺术范畴。随便拿来一个谁穿过的脏鞋子，固定到展台上就能说是一个艺术作品，这说明艺术越来越平民化，艺术家们正在淡化它的界限。我承认，生活之中处处都是艺术作品，一个夕阳下的煮鸡蛋就非常美丽，大自然的艺术修养无人能及，但过于淡化艺术边界的艺术门类没有欣赏价值，我对着一个煮鸡蛋在展台前看上五分钟，所获得的信息，与我在饭桌上把它吃掉时所获得的信息不可能差得太远，除非我在研究这个鸡蛋的客观物理特性。但那就没有必要非要办个大型展览来让大众费时费力欣赏所谓的艺术品了，更有甚者，甚至出千百万美元的高价将其买下。

对于艺术，现今中国与外国大体上的分别是，前者认作者，后者认作品。这和体制有着不可分割的关系。

某些在大荧幕上来回晃动混脸熟的演员能算艺术家吗，我认识不少比他们演技优秀的人，这些人天天挥舞着扇子在县广场上随着最炫民族风兴奋的舞动着，但没有人对他们以“某某艺术家”相称。把苍蝇放大无数倍做成雕塑能算艺术作品吗？我看到海滩上很多小孩子都在挖沙坑堆沙堡，也看到冬天里有很多雪人被人摆成有趣的姿势，都比那苍蝇鸡蛋之流更有想象力与创造力，但没有人声称他们为艺术家。

艺术，还是严肃点好。

# 艺术和我

2011级美术系 / 任诗予

从小对艺术没有什么接触，最多是小学看过的老舍的《骆驼祥子》，当时趴在邻居院子的圆形石桌上，看书喜欢念出声音，还被邻居大姐姐说习惯不好。但是当时那本书对炙热天气的描写，书中哈着舌头热到趴下的狗的感觉和夏天傍晚暗下来的天气加上趴在石桌上冰冰凉凉的触感却还是记得很清楚。

后来各家厕所看过无数《知音》,《故事会》,《妇女之友》。农村的童年没有任何跟艺术有关的接触，只是因为阅读的爱好，像是渴急了的人需要水一样，你没办法选择矿泉水自来水。

到后来中学写作文，然后成立广播站，算是好好熏陶了几年，甚至还写过一本风靡全校的小说，可惜字迹难看得不行，回头再看，就直接不知道给扔哪里去了。可是那时候正是各种网络小说风靡的时候，仙侠、玄幻、言情、郭敬明、韩寒。当时收集了一整套韩寒的书。

再到了高中，莫名其妙学了体育，每天训练四五个小时，其实只是不爱学习，为自己逃课找了个理由而已。虽说文体不分家，可是那两年是真正什么书都没有看过。每天忙于训练和发疯一样长身体，再就是与之相伴的饥饿感。到了高三，忽然觉得兴趣尽了，想要往电影这方面走。

到现在进了电影学院，已经大三。恍然回头，其实自己走过来这一路，艺术熏陶可以说是不如很多人。唯一可以看到的是，没有中断过的对未来对未知世界的好奇心。一直以来总是不断地通过书籍探寻未知世界，并且在对未知世界的好奇中，来驱使自己往前进。

看过很多艺术家的生平，几乎无不是孩童般的天真，再加上对某一事物或者领域的强烈爱好，然后带着这股天真赤诚地去热爱。所以艺术家多被看为游手好闲，又带着让人不知是羡慕还是嫉妒的复杂情绪。

真正到了电影学院，才真正知道自己学的是什么。老师都是有经验有阅历，然后来教一群大小孩。他们也不培养艺术家，只是帮着你把电影这条路照得清楚一点，你的兴趣不再是模模糊糊的一个愿景，而更多的变成一个可触及的梦想，一条等待路人的小径。

体会最深刻的是两点，一是不断地被教导要多看书，一直保持学习的状态。自己专业的书也好，社会接触的人事阅历也好，都要去体会，去思考，去从中闯荡并且获得。其实这才是作为从事艺术的人可以汲取的永不枯竭的源泉吧。第二点，就是对细节和真实情感的把握。作品打动人，永远是对细节的把握而体现出来的人的情感。电影行业这样，绘画、音乐等哪个行业不是这样呢。感觉从事艺术的人，永远过着离群索居，难以和大众融合的生活。但是其实最难得的是这样，你生活在人群中，但是又要保持清醒的头脑和时刻理智的心态。所以第二点，你的爱和恨，你看到的爱和恨，经过你的作品传达给观众，依然不失真，这是最难得的。

我真正对艺术的观念，系统理论的学习是在电影学院获得的，可以说我以前的生活都是没有经过咀嚼的，带着原始的经验。而在电影学院的学习，经过很多人的提点，你才体会到个人经验太多，于是你慢慢做减法，仔细体味你自己和你周围人的人生，最后提取出你要的那一丝真挚，几乎是捧着跳动的心脏一样呈现给观众。

当然我还远远难以达到这种程度。想来用尽一生来学习，也无法把这种情感提炼到返璞归真的境界，有人有天赋，但是普通人太多，我是其中一个，只能用战战兢兢的态度，带着自己对未来世界永不枯竭的好奇心，一直在这条道路上走下去吧。

# 艺术
## ——灵魂的躺椅

2011级管理系 / 吕柏霖

艺术给我们带来了什么，一千个人心中有一千个答案。

我喜欢在懒洋洋的午后靠在躺椅上听曲安静的音乐，或者静静地跟随书中的人物穿越到另一个时空的悲欢离合。我喜欢在不愿跟人交谈的时候或者无人交谈的时候看场老电影，拉上窗帘关上灯暂时把自己的世界寄存在黑色的夜空中。我喜欢拍下自己与家人欢聚的时刻，每张照片的背后都记录着此刻无法复制的情绪，即使岁月流逝，照片还是保存着原来的模样。我喜欢坐在街角有窗的小酒吧，只需在那静静地坐着，那似曾耳闻的歌曲拉着我藏得或深或浅的记忆随着节拍翩翩起舞。我喜欢为回忆中的人们做一位安静的倾听者，回忆中的人最不会撒谎，爱恨情仇全都映在脸上。

那是个午后，外婆从箱底翻出一本破旧的影集，她戴上老花镜把影集铺在窗边的双人床上。暖暖的阳光透过窗台上吊兰的叶子，又穿过那扇破旧的玻璃窗，满满地打在外婆的皱纹和一张张旧照片上。外婆看着一张张旧照片回忆起过去的时光。外婆指着一张泛黄的照片上的老太太跟我讲起她的母亲。她是一位小脚女人，特别疼爱我的母亲。有次外婆住院两人着急赶去医院，便让我母亲骑单车载她一起去，两人商量好我母亲先让自行车走起来外婆再跳上后座。结果小脚老外婆猛地一跳越过后座一屁股坐空碰倒自行车，跟我母亲一起摔在地上，两人哭笑不得一边揉腿喊疼一边互相扶着往医院走……影集翻了一页，外婆看着一张黑白的结婚照没有说话，我问她那男的是外公吗？外婆说外公长得高高瘦瘦，小眼睛，最初她根本没注意他。外婆说她那个时代人谈对象特别简单，外公问她："孙同志，我比你大四岁咱俩挺合适。"外婆回家跟母亲商量，老太太的意见很简单，人不病不傻的就行，大四岁属相合适。就这样，两个人结婚了。外公去世得早，外婆没有怪他把四个女儿留给自己抚养，也没怪他怕拖垮家庭不肯去医院治疗，只是骂他为了结婚瞒了自己两岁……整个下午，外婆伴随着阳光翻着影集把我带入了她的过去，在她的回忆中，我遇到了许多未曾见面的亲人，我也看到了另一个时代的外婆。

曾看过蒋雯丽主演的一部儿童题材电影《我们天上见》，仿佛看到幼小的自己在一个下雪天撑着油纸伞踩着外公的脚印一步一步地走着。仿佛是我赌气说要跳河，外公训斥我说结冰了上哪里去跳河，仿佛我的外公一直是我生命中的一把油纸伞，为我阻挡风雪，为我抵御严寒。我从未见过我的外公，但好像他曾来过我身边，与我共欢喜，与我一路向前……

时间就是这样一点一点地流走，不会因为我的或悲或喜改变它的速度。但我却可以把自己藏在另一个时空中，让灵魂伸个懒腰。生活在如今的时代，我们只能越来越快地往前走，灵魂累了，身体不能停歇。而艺术就像树荫下的躺椅，在那躺椅上，时光有时会停留在一点，有时会穿梭到某几个时间段，有时像是坐上了直升机从高处远处俯观整个人生。灵魂躺在那里转头看看过去，伸长脖子看看未来，也可以躲在一段记忆里打个盹儿仿佛依然停在那里。

# 生活·生命
## ——电影所追求的艺术价值

2011级管理系 / 李明蔚

电影是最年轻的艺术，同时又是发展最快、影响最大的艺术。它们不断地使用现代高新科学技术手段，使自己获得了无与伦比的表现能力，拥有了最多的受众。电影的社会作用，是一种客观存在。电影艺术作为社会的上层建筑，是更高的意识形态。艺术作为一种特殊的社会意识形态，艺术生产作为一种特殊的精神生产，决定了艺术必然具有形象性、主体性、审美性等基本特征。同样的，电影作为一种具有广泛群众基础和社会影响力的重要艺术形式，是进行思想道德教育、传播具有民族色彩和感情的审美认知、丰富人们精神文化生活的重要载体，其价值对社会具有重大的影响。接下来将论述关于电影作品中体现的有关于生活有关于生命的意识中包含的艺术价值。

“艺术为生命的表现，艺术家用以来表现生命，而给予欣赏家以生命的印象。”无论对于文学作品，还是对于电影艺术来讲，生命意识都具有着不可忽视的存在意义与价值。一部由许鞍华导演的，经真人真事改编的电影《桃姐》，不仅讲述了一段感人至深的主仆故事，而且透过对人生零碎的关注探寻人类个体生存的本质与价值，传达出强烈的生命意识。电影以简洁的语言展示了剧中一些人物的人生点滴。除夕夜，老人院主任回到老人院陪老人们过年，当桃姐问主任家人在哪儿时，她轻叹一声却一言不发，其中定然有故事，但影片也只是点到为止。老人院里那个可爱的坚叔，经常借钱去找洗头妹，不仅为影片沉重的故事基调、阴郁的老人院氛围增添了轻松、幽默的元素，更有着对年华已逝、青春不在的人生喟叹。此外，还有那个身患重病而不得不被家人送进来的年轻女人，那个被儿子所遗弃却始终惦念着儿子的老人。一个个的片段都满含着人生的酸楚，诉说着人世的艰辛。因此，这部电影除了情感主题的表达外，还追求更为深刻、更为本质的主题表达，即对于人生的思考和探寻。影片在“死亡”的描摹上，采用了陈述性的客观镜头：老人院中一位老者去世后，她的女儿站在画面中间号啕大哭，但在画面的左侧，几位老人照常下着象棋、嗑着瓜子。这样的景象可以解读成人心冷漠，但正如片中神父所言，“生有时，死有时”。生死本就是天命，但现实中，“生老病死”的客观命题实则充溢着太多主观的不安或猜测。影片对于“生死观”的解读，显得异常的冷静，不悲不喜，呈现出一种坦然和笃定，以致观众在看到桃姐的逝去之后，并不会心生无边的恐惧或者太大的悲恸。

而电影《岁月神偷》是对生命、生活回望的影片，通过对现实生活沉淀后，感悟出生活的意义及生命的意义。岁月神偷，偷走的不仅仅是时间，把人也偷去。多少个幸福的家庭因此而破碎，多少个不幸的家庭因此而重获新生。影片最后罗进二相信了奶奶的话，把自已最心爱的东西都投入了“苦海”，以实现再一次见到死去的哥哥的心愿。因为罗进二在一连串的灾难中，终于认识到生活的意义：只有生活与亲情才是最值得收藏的，而岁月却偷走了最宝贵的东西。生命是平凡的，可在岁月这个无声无息的神偷面前，却彰显了生命伟大而美丽如虹的光彩。

人们常说艺术源于社会生活，是社会生活的反映，反映全面的社会生活，是一种精神生产形态。同样是许鞍华导演的电影《天水围的日与夜》，以其敏锐的女性视角，使用纪实性的电影语言，通过天水围的几个小人物的生活细节，挖掘其日常生活的审美意义，使观众在影片里获得了隽永的感动。这部影片也充分体现了日常生活审美化的美学特征。影片中导演从现实出发将镜头对准普通人的起居、吃饭、睡觉、穿衣这样的日常生活，塑造了几个平凡的小人物。影片开场不久，梁阿婆独自到菜市场买了一块牛肉和一把青菜，独自回到家中一个人洗菜切菜炒菜，一个人吃饭、洗碗筷后独自坐在桌子旁发呆，到了晚上又炒了另一半的肉和青菜，寥寥几个画面一下子使梁阿婆的孤独形象栩栩如生，真实自然的生活场面透出一种耐人寻味的冲击力。在细节中表现原生态式的真实是电影《天水围的日与夜》的魅力所在。而通过物语融汇人情，彰显精神也是导演采用的自然无痕的艺术表现方式之一,一花一世界，一物一情谊，物语间交错暗示，层层递进，不知不觉间推动映衬着情节的发展，形成了以小见大的艺术特色。

电影艺术创作是人类的审美活动。既是审美，电影艺术当然要给人以视听感官的快感。优秀的艺术，理应给受众以快感，并通过快感达于心灵，令受众在愉悦的基础上进而获得认识上的启迪、灵魂的净化和精神的升华，即由快感而产生美感。这时，人心便获得了一种因审美而致的和谐之美。这些影片传达出颇具存在主义意味的主题：生存的本质在于存在；坦然面对人生的得与失、喜与悲，生命便具有永恒的价值。通过对生命意识和生活的探析，显示出电影的独特魅力和价值。

# 个人风格与大众品位

2011级管理系 / 肖筠

当今社会，依然有很多艺术家在追求自我的精神境界，这种艺术家往往有两类，一类是在自己的领域里达到最高境界、羽化登仙，不需要再去讨好任何人的“大师”；而另一类则是在艺术领域里尚未开化的“顽童”。

而我认为，好的艺术作品是可以将个人风格与大众品位最大化结合的。

好的艺术作品一定是既展现个体思想，又可以带动时代潮流。

安迪·沃霍尔是二十世纪最有影响力的艺术家之一，是波普艺术的领袖，他个人独特的艺术风格无论在社会上还是艺术界都掀起了巨大的浪潮。1962年，他创作的《金宝汤罐头》带领波普艺术荣登大雅之堂，打入主流艺术界，尽管他半机器化的制作过程，非画性的风格，以至浓郁的商业主题曾经引起了这类艺术作品的价值和道德的争论，但他直到现在仍获得人们的推崇。他突破了以往艺术的单一形式，使得许多地下文化都获得了某种生存权利：同性恋、招贴广告、披头士、滚石乐队……他们都以一种社会人群的标志出现。

并不是所有真诚和个性的艺术品都能获得商业价值。现如今，依然有大批年轻的中国独立电影导演幻想依靠欧洲电影节来养活中国独立电影市场，而摆在他们面前的是欧洲电影逐渐的“美国化”我国缺乏独立电影扶持计划等不利环境。那些单纯为表现个人文艺情怀的电影无法在商业土壤中立住脚跟，更无从谈长久发展。

我们的世界在瞬息之间发生着巨大的变化，艺术也在这一变化的潮流中被更替着各种不同的意义。而推动这种变化的重要力量之一，即数字技术。数字技术无疑成为现今艺术家表达个人思想的工具，也是艺术向大众输入的重要媒介。

许多艺术家都认为数字技术本身就是一门艺术。艺术家总是属于一定的时代、民族和阶级，艺术创作也归根结底受着一定生活方式的制约，受到所处时代的科技、文化、政治等多方面的影响。而在创作过程中，数字技术为艺术家提供了更广阔的空间。首先，数字技术为艺术家开拓了新的创作思路，在某种意义上，绘画的发展就展现了绘画材料的进步；其次，数字技术带来了创作方式的改变。新的技术改变了传统创作的工具和媒介，艺术家们也逐渐接受了数字技术对艺术创作的深度介入，例如电脑对创作原材料的整理编辑，在这个过程中，新的艺术理念与视觉效果也渐渐被探索出来；再次，数字技术为艺术品提供了更广阔的展现方式，例如依托美术机构的美术馆、艺术现场，甚至不受时空限制的多媒体技术和互联网。数字技术成为了一种新的可以将艺术家个人品位与大众审美结合的工具。

当然，数字时代为我们带来另一层面的思考。艺术创作在越来越自由、越来越轻松的同时，也变得越来越随意、粗俗，甚至浅薄。其实，我们并不能遏制这个潮流，艺术创作转向艺术发展，艺术接受转向艺术消费，无疑是艺术向更高一层发展的必经阶段。

我国的电影产业即能很好地解释这一观点。在我国，电影产业自改革以来呈飞速发展的态势，在这个潮流中涌现出一批例如《人再囧途之泰囧》《小时代》等影片。不可否认，这些电影也许作为艺术本身并没有多大的价值，它们比较低俗、无聊，但它们为中国电影票房做出了巨大贡献，重要的是它们受到了大众的热烈欢迎。我国电影产业尚处于起步阶段，受众群体尚在培养之中，这类电影无疑使大批普通消费者改变了观念，并加入了电影消费者的行列，这类群体蕴含着无比巨大的潜力。

艺术融入了现代消费观念，才可以被更多的人所接受，当艺术的受众群体又达到另一个广度之后，这一群体定会在不断涌入自己视听器官中的鱼龙混杂的艺术作品及风格中逐渐形成自己对艺术的品鉴理解，这个时候再逐渐提高艺术作品的高度，培养这一群体更高层的艺术品位也不迟，艺术的专业化就在此时体现，好的艺术作品也一定会在此时应运而生。

表达个人风格与迎合大众品位并不是完全矛盾的，在这个世界文化飞速发展的背景中，做艺术只取悦自己是越来越行不通的。观物之生、开创全新的艺术之路，幸运的话，也许还能创造出更新的艺术方向。

# 论好的电影应具有的艺术价值

2011级管理系 / 范书斐

电影作为第七艺术，一直发挥着强大的作用，丰富人们的精神生活同时引导社会的主流方向。在社会新时期，电影的发展逐步具备产业化雏形，当娱乐化、商业化充斥着票房市场，我们却忽略了艺术作品对人的情感、认知等精神生活的重要影响。好的电影作品除了需要创造商业价值，同时还要体现一定的艺术价值。追根溯源，电影还是以艺术性文本为支撑的。对于何为优秀的电影艺术作品，我们可以从艺术的精神性和道德情感等方面来阐述。

艺术的审美世界深化人对生活的体验和美的价值，艺术与哲学相通，归根结底是对“人”的探讨，一切的艺术活动也是关乎生命的情感性和精神性。优秀的艺术作品的审美价值和生命力取决于人的精神时空。在现实生活中，人不但有物质的需要即物理时空，更有精神的需要即精神时空。不管是现实还是精神的现象，电影都可以逼真地表现，在艺术形象的直观下直接投射于人的视野和心灵，给人最真实、最深切的生命体验，犹如人所生活的“现实世界”。电影艺术从本质上来说，是对生命的创作。受众对于电影艺术审美的实质，实际是受众以精神性的方式通过艺术形象的生命的欣赏和观照，实现生命的某种体验与审美需求的满足。好的电影要通过构建逼真、形象化的动作来感动观众，引发共鸣，需要深度发掘被物质性、实用性和庸常性掩盖和遮蔽的现实生活的内在一面。一味以类型元素的拼接组合和商业价值为终极目标的电影，虽然能够短时间内抓人眼球，但艺术价值的缺失还是不利于电影市场的全面发展，随着电影市场多元化的发展，兼具艺术手法和技术手段的电影同样可以达到寓教于乐的效果。

影片《怦然心动》可以说是一部小众的影片，讲述的是一段纯真年代青涩初恋的故事。影片通过交互自述的方式为我们展现出了男孩女孩在同一现实空间下差异、矛盾的生命情感体验。故事其实很简单，真正使受众审美接受的是真实温暖的情感体验和人文关怀的氛围。影片的艺术性表现在通过同一物理场不同心里场的戏剧冲突表现的生命现象。由有趣纯真的暗恋开始，两人因为树产生隔阂矛盾，逐渐两人看待彼此以及世界的视角开始发生变化。女孩开始成长，并且父亲告诉她“整体大于部分之和”的道理，女孩开始理解美的表象与内在之差。影片中养鸡这一情节体现了生命的成长和意义。结尾两人又因树重归于好。影片探讨了青春时期的爱情和自我成长两个主题，但又不是简单的爱情故事，其中还包含着有关自省、自尊、自爱、独立、诚信等原则和女性意识的觉醒，给受众的情感体验是丰富和富有价值的。

遵守人伦常情构筑的情感世界和借助人伦情感来褒贬判断是中国电影常见的情感支撑点。优秀的电影作品应该将思想性、艺术性、趣味性有机结合，找到文化传统和商业元素的最佳契合点。从根本上讲，艺术不能违背人们的情感道德，但电影本身需要树立一个立场，即创作者的态度，要尊重人的“知善恶之心”的普世价值，从而形成道德导向，而不是一味地宣扬暴力文化，为了暴力而表现暴力，这一点是值得中国电影导演们深思的。艺术作品反映着由道德困境造成的痛苦和不幸的悲剧性后果。人性的欲望、贪婪和软弱成为艺术作品的主题，然而艺术对于道德情感的超越性使价值判断由主观因素出发，将道德转化为情感判断的形式，从而使艺术作品蕴含创作主题的价值观和爱恨憎恶。在作品越来越多地反映个人意识的今天，创作者独特的个人体验与思想尤为重要。

艺术电影《完美的世界》的文艺气息并不浓，并且融合了西部片、警匪片等多种元素。是一部具有艺术价值和思考的电影。影片讲述逃犯与被绑架的儿童在逃亡路上产生的超乎人质与绑匪之间的感情，引发出观众对于邪恶与商量、人性与现实之间的反思与叹息。影片开始，布奇的同伴欲对儿童菲利普的母亲侵犯，被布奇制止，警察闻讯赶到，布奇为逃避追捕带走菲利普。菲利普与布奇身世相同，童年都缺失父爱，在逃亡路上布奇用父亲教育儿子的方法与菲利普相处。在主人公布奇的身上兼具邪恶和善良这两种对立的品质。他的越狱逃犯身份和杀人的事实源于他性格中存在的邪恶因素，影片的看点在于他同时拥有善良正义的力量。比如开始制止同伴的罪行、一路保护菲利普等，导演通过这个人物性格探究人性，实质上每个人内心都有善良和邪恶的力量。影片最后，布奇被追求加功进爵和财富荣誉的代表正义的警长击毙。尽管人们对人物结局有过多不舍，但从现实角度讲又是合理的。影片的艺术性在于对现实与人性冲突的思考，导演肯定了善恶终报的结果，但是留给受众的是对在不同利益属性下能否实现内心不同价值力量平衡的思考。

艺术是一种生命形式，我们对艺术的审美体验使我们可以清楚观照我们的生活，通过观照，我们可以发现更多有意义的美好事物，更重要的是个人道德意识的提升，使实现自我成为可能。对电影而言，毫无思考价值的电影就失去了电影的意义。在艺术世界构建的理想生活让我们建立起个体与世界的整体关联，赋予了生命存在的价值。同样，创造性艺术价值可以让电影更具生命力。

# 什么是好的艺术作品

2011级管理系 / 惠士桥

什么是艺术作品？艺术作品是艺术家通过艺术媒介、经过艺术体验和艺术构思创造出来的艺术产品，是艺术生产的成果，是艺术家运用一定的物质媒介和艺术语言创造出来的。

那么艺术作品都有哪些？书法、书籍、画卷、电影、音乐这些都是艺术作品，但是艺术作品只有这些吗？不，我不这样认为。

一场音乐会、一部舞台剧、一场画展，这些是艺术家们的艺术作品的展示。但是艺术作品不单单只有艺术家们创作出来的叫艺术作品。长城、故宫、埃菲尔铁塔，这些昔日用人们血肉铸成的建筑，如今已经成为国家象征，当人们谈到他们的时候会产生荣誉感，那么这些伟大的建筑算不算艺术作品呢？我认为他们同样算作艺术作品。

既然长城、故宫这些伟大精美的建筑算是艺术作品，那么苏州的园林、上海的弄堂、北京的胡同，这些驰名中外的中国古代劳动人民的杰作算不算是艺术作品呢？我认为他们也算是艺术作品。

既然北京的胡同，上海的弄堂都算是艺术作品，那么现在施工工地的人们正在建造的楼房也好、公路也好、各种基础设施建设、非基础设施建设，是不是都算艺术作品呢？谈到这里或许很多人就不同意我的观点了。你们会想艺术作品肯定是什么古典音乐、交响乐什么的，那才是艺术作品！这点我认同！但是只有这些才能被称为艺术作品吗？对于工地的工人而言，在他们眼中他们花费了那么多精力汗水所建成的公路、高楼就是他们的艺术作品。

或许这时你们会反驳我说这些建筑可以称之为作品，但是不能称之为艺术作品，那么让我们来看看大家对于艺术作品的定义：“通过艺术构思和艺术创作，将头脑中形成的主客体统一的审美意象物态化，创造出来的审美对象。”

我们每天走的公路，每天居住的建筑，他们都是设计师通过多少个昼夜才设计出来图纸，施工工人花费了多少辛勤的汗水才建造出的作品。在设计师进行设计的时候，每一个设计师都会为自己的设计付出很多心血，虽然不是每一份设计图都可能成为现实，但是它都有可能变为现实，因此每一份设计图对于设计它的设计师而言，就像他们自己的孩子一样倾尽所有。因此他们一定会将自己脑海中所有美的景象所有对于艺术的理解，在条件允许的情况下融入他的设计中。那么你能说他的设计，不是艺术创作吗？建筑工人们通过这份设计图纸所建造出来的大厦也好、桥梁也好怎能不被称之为艺术作品呢？所以我认为每一样经过人们精心建造的作品都是艺术作品。

假使看到这里你仍然赞同我的观点，那么什么是好的艺术作品呢？有人说美的作品就是好的作品，有人说让人感动的作品就是好的作品，有的人说源于善、过程真、结果美，充满真善美的作品是好的作品。在我看来他们说的都没有错，但是我觉得，每个人眼中都有自己的美好，每个人都有自己觉得好的艺术作品。既然每个人都有自己认为的美好，那么当某一件艺术作品能得到大多数人的认可时，我认为起码它并不是一件次品。

一个好的艺术作品，它应该是满足绝大多数人的审美观念，而且符合当前形势的，并且顺应当前潮流甚至能够推动潮流的艺术作品。或许这样的要求过于苛刻了些，不过如果能够满足上述观点，那么证明它至少是一件好的艺术作品。至于能否像“长城”“蒙娜丽莎”“兰亭集序”等作品一样流传千古，这谁都不能保证。当然了，在两千年前，建造长城的是我国的一位暴君，并且长城的建立也要归功于当年这位暴君的专政。在当年，长城是建立在无数的血肉之上的。如今，这座曾经让无数人付出生命的建筑，成了驰名中外的世界旅游胜地。

同样，顺应了时代要求的作品，如《人再囧途之泰囧》，即使它获得了12.6亿元的超级票房，在我看来它也顶多是昙花一现，可能在短期内会成为人们茶余饭后的闲聊话题，会有部分业内人士进行研究其成功高票房的秘诀，甚至可能会使一些别的行业的人士产生投资电影的兴趣。但它终究不可能像《教父》系列、《古惑仔》系列一样，掀起整个行业的一股热潮，让人们在几十年之后还会对此侃侃而谈，影响一代人甚至几代人。

好的艺术作品当然能在百年后绽放光芒，即使它曾经封藏百年。如果它同样顺应了时代的要求，甚至达到了巨大的推进作用，那么它才能被称之为一件巅峰的完美之作。

# 我眼中的艺术

2011级动画学院 / 王罡

艺术这个名词有很多种解释，而且很具有个体性，有的人认为是艺术的东西有的人就可能认为是一文不值的垃圾，当然，对从事艺术行业的人来说，这是不可容忍的行为。因为艺术的独特性质使得大家对它的看法各不相同，我是一名学习动画和游戏相关方面的学生，虽然我自诩是一名“搞艺术的”，但估计在纯正的美院中那些搞真正所谓纯艺绘画、雕塑的人眼中，我们只是商业利益驱使下的产品生产者，而带有商业色彩的绘画、游戏、电影并不能成为艺术。

我是一名理科生，在高二以前都没有正经地学习过绘画，但我自小喜欢漫画、动画和游戏，但当时我完全没有认为这是艺术，但它们却给了我无数的感动，无数宝贵的记忆，这也是我最后不顾家人反对学习绘画的原因。我愿意以我一生的至爱来作为我的工作，只是觉得这是一件很幸福的事，也是一件很任性的事。

但当我正走进漫画、CG绘画、模型雕刻这些领域时，我真的觉得这就是艺术，虽然画面中有着很多的所谓的商业元素，吸引人眼球的元素，但我们看到一件优秀作品时的感动，震撼是绝对真实的，那种浑身起鸡皮疙瘩的感觉，那种眼神锁定在作品中不能移开，贪婪地捕捉每个细节的感觉，就是艺术的感觉。

所以我个人认为，一件东西、一件作品的艺术价值对于每个人来说是不同的，是无法定量的。只要有人被一件作品所震撼、感动，无论在其他人眼中这件作品是多么拙劣，对这个人来说，这就是艺术。

# 游戏

## ——第九艺术

2011级动画学院 / 韦康

结合自身所学的游戏专业知识，总结自己的艺术创作观，核心围绕的就是创造世界。每一个游戏制作人的梦想都是创造世界，只是这个世界是虚拟的。正也是因为这个世界是虚拟的，理论上才有无限的可能，而创造在这里才是自由的。

在游戏的虚拟世界中，制作者展现给玩家的体验完全是可以脱离现实。游戏制作人完全可以灵活地利用自己的设计和艺术理念，将各种不同的元素不受约束地组合在一起，来达到自己所想传达的意思。这样的组合可以完全不按照现实生活中大家一贯的认知来设计，往往带来的是视觉感官的冲击。上升到艺术境界的话，也会给玩家带来一些更新的感受。这样的做法自然是有风险的。玩家或者说体验者，是否认可这种新的组合方式，这一段道不明说不清的区域，就是游戏的艺术性之一。

游戏被定义为第九艺术也是经过非常巨大的争议的。早期同电影一样，游戏完全被视为一种商品，科学的衍生物，一种只赋有娱乐价值的玩具，根本谈不上艺术。直到最近，游戏成功吸纳前八种艺术形式，电子游戏已经成为一门艺术，继绘画、雕刻、建筑、音乐、诗歌（文学）、舞蹈、戏剧、电影（影视艺术）之后人类历史上的第九艺术。世界上著名游戏制作人都在讨论游戏艺术的规律，也一直没权威的人对刚刚被定义为艺术的游戏，给出一个明确的方向。艺术性被零散地分布在游戏的局部细节里，有的是制作人有意识的，有的是制作人无意识的。

而我粗浅地认为，游戏这种不按照实际的自由组合的方式，除了继承了雕塑、传统绘画中的艺术形式之外，还需要灵活地运用二维三维的相互切换，比如光和影、轮廓和空间的纵深等等，把不同的艺术形式在线性的时间轴上，展现给玩家，而且是变着花样的展示。

游戏世界的场景是即时交互的，避免不了玩家来回自由的走动，甚至会排斥制作者设计好的路线，以至于部分设计内容玩家无法体验到。空间就需要好好地利用了，在空间摆布上，需要依据关卡设计来引导玩家前进。疏密节奏的变化会影响玩家进行游戏的节奏，玩家进行游戏行为实质上是需要放松和娱乐。舒适的游戏体验才能更好地继续展现自己的游戏内容，然后所想表现的艺术才能传播出去，这里的艺术形式和建筑艺术非常像。如果能利用建筑艺术加上没有物理化学上的约束，以追求玩家体验的舒适来设计，会能达到更好的效果。

而这些都是服务于创造世界这个理念的。如果按照物理中最理性化的说法，宇宙一切都可以被一个最基础的公式解释，而这个公式通过变换产生了宇宙万象。虚拟世界也一样，0与1就是这个世界的本源。在玩家认知体系中建立一个有主题的世界，把玩家带入角色，就是所谓的入戏。需要很庞大地世界建设，一草一木或是任何一个生活细节都会影响到玩家的体验。如果游戏让玩家不适，玩家代入感就会下降，玩家就会出戏，就会排斥这个虚假的世界。所以，所有的内容就得需要符合世界建设本身，即便是凭空制造，这个世界的点滴细节和缘由都需要有合理的设计。

总而言之，说游戏创造世界不如说游戏搭建世界，然后这个世界才能承载其他的艺术形式，并且传播设计者所想表达的，成为艺术。

# 我对艺术之浅见

2011级动画学院 / 张曼迪

“艺术是什么”这个自从人类开始具有精神层面以来所诞生的问题，随着人类文明的发展，艺术已经不仅仅是拘束于传统意义上的绘画、雕塑、诗歌文学等单一的形式，而向着更符合时代特色的多媒体、电影、表演、图片摄影等方面开始逐渐发展了起来。而随着艺术表达形式的多样化，带给人们的感受也更加具体，艺术的概念也越发变得深邃和丰满。

艺术的概念在我的印象里，正如“一千个读者心中有一千个哈姆雷特”，艺术在每一个人的眼里也不尽相同。一个成年人对艺术的理解可以非常的抽象，但是到一个不经人事的小孩眼里艺术可能就是自己刚才用蜡笔画出的一幅色彩斑斓的画而已。所以，如果是要用具体的语言来描述艺术，结果可能会不尽如人意。毕竟艺术过于庞大，既是缥缈无踪的又是触手可及的。

我心中的艺术来源于艺术触动我的每一个瞬间。在我的眼里，艺术是一门表达“光是感官无法完全感受的美好事物”的技巧。比如一首悦耳的韵律带来的安详平和，比如一幅画或者一张照片带来的波澜壮阔的美景，光是单一的“听”或者“看”根本没办法体验艺术真正的美好之处。换句话理解，我认为的艺术是“感官与思考携手并进”的共鸣。只有感官感受到，传达到大脑里加以理解体验，才能欣赏到艺术真正的美好。

举个例子，比如罗中立的一幅叫作《我的父亲》的画。画的内容一目了然：一位肤色黝黑的老人，皮肤好比干裂的土地或者枯萎的树皮，包着灰尘扑扑的白色头巾，用指甲缝里满是黑泥的双手，捧起一个缺口的、盛水的瓷碗。这是这幅画的表面描述。只是充分的形容了画里呈现的是怎么样的一个情形，但之所以这幅画闻名于世，恐怕要深刻的思考这背后的含义——粗糙的双手和黝黑的皮肤体现了一个父亲的辛苦劳作，满脸树皮一样的皱纹体现了岁月的沧桑，那一个缺口的瓷碗里浑浊不堪的水，成了“父亲们”的希望……这幅画之所以在1980年的那一场展览中能引起巨大的轰动，我想，不仅仅是作者本人，当年那个父母一辈都是黄土地农民的年代，这一幅画不禁让人想起在遥远的山村中慈爱地盼着儿女归来的父母们。当然，若是放到现在，可能感受就会有一些细微的不同。毕竟现在年代的主题已经变化了，但是“爱”这一个字眼不管在哪一个时代都经久弥新。

以上便是我对艺术理念的浅见。

# 关于电影艺术的一点心得

2011级动画学院 / 徐梦柯

与电影结缘不到十年，憧憬过，彷徨过，失望过，然余资历尚浅，才华有限，不望奢谈什么艺术观念云云，仅献心得一二，与君分享。

我最早修习的是西洋绘画，起初不得要领，只觉将眼前事物描摹成真，放于画纸之中即可，不懂得经营布局之道。进大学之后研习剧作，跌跌撞撞走了不少弯路，才惊觉绘画也好，剧作也罢，无非一“看”字。学艺之初，往往关注于技巧，情节如何跌宕起伏，台词如何犀利有趣，结构如何新奇巧妙，却忽略了观察。同绘画一样，似乎尚未看够，便匆匆下笔。观察永远先于表达，看不见，就根本想不到。

再者，电影不过是一个手段，一个载体，关键在于创作者与观众的沟通。很多时候，虚荣心作怪，往往会掩盖表达，像个没长大的孩子，技法稍一娴熟，就想向人炫耀，殊不知这样是任性而又自私的。为表现而表现，不好。

最后，我想说的是，追求艺术的道路漫长而又曲折，但愿今后能够为之努力拼搏，做到从一而终。因为，我始终相信，正如黑泽明所言：创作是美好的。

# 浅析电影与文学的差别

2011级动画学院 / 雷丙鑫

自1895年卢米埃尔兄弟发明电影以来，电影一直无法有一个属于自己恰当的位置，直到1911年意大利影评人、电影理论先驱卡努杜发表了一篇文章，他在文章中首次提出“电影是一门艺术”的理论主张，并以“第七艺术”来命名初生的电影，与建筑、音乐、绘画、雕塑、诗歌和舞蹈相提并论，同时叙述了各门艺术的地位：建筑和音乐是主要的艺术，绘画和雕塑是对建筑的补充，诗歌和舞蹈融于音乐，而电影则是这些艺术的综合。就这样，卡努杜将电影引入了艺术的殿堂，电影有了属于自己的“身份”，但是在初学电影这个阶段上，不少人没有弄清电影与文学之间的关系。

电影的本体是画面和声音，电影是时空艺术。作为一名电影学院的学生，这种电影艺术观应当是首要的也是最基础的，它区别于文学就在于它借助蒙太奇的时空变化以及画面和声音来讲故事。我们在平时的作业练习时，从最早的剧本阶段开始，往往会犯下一个错误——混淆文学语言与电影语言，这两种语言的本质差别就在于视觉化，文学语言以间接而暧昧的表现给人以广阔的想象空间，视觉化较弱；而电影语言直接而具体地表现，并依托于其一定的局限性，令人们更加直观地联想到它的画面，例如，在电影里想要描写一个人的内心时，不能纯粹借助文学语言来抽象化描述，电影语言的要求是必须要外化为可见的动作来表现。只有弄清了这两者之间的易混淆的关系，我们在创作影像时才能避开一些不必要的困难。然而对于我们这些电影初学的学生，初步开始创作影像时，这个问题是避免不了的，相反的，只有在不断犯过这样的错误之后，电影的本质，电影与文学的本质差别才能逐步深入我们的意识里。

电影借鉴文学的叙事方式，却又不照搬文学模式。在许多电影中，尤其是那些根据文学改编的电影里，不难发现电影是对文学的文本进行吸收然后电影语言化再通过银幕来表达。虽然人们发现电影与原著有很大共同之处，但只要通过对比原著和电影剧本，就能发现其中的差异，电影语言始终以“视觉呈现”为中心，它讲究画面与声音，即视听；文学语言则通过对文字联想产生美感，它对于视觉呈现的要求并没有那样严格，更加注重于激发人们的想象。

电影与文学是相互独立又相互联系的。电影要创造情节来讲故事，所以借鉴文学的叙事方式，而随着电影的不断发展，它影响了人们的审美习惯，进而影响了文学的创作。

电影空间严格，文学空间广阔。所谓说“有一千个读者就有一千个哈姆雷特”，这是对后者的一个很好的诠释，毫无疑问电影和文学都作为一种文化商品，他们共同面对的是观众和读者，画面的确定性和文学的联想性决定了这两者的空间。作家可以通过抽象的语言符号来写人的心灵和灵魂，激发读者广阔的联想空间，而电影是通过蒙太奇改变空间来直观地呈现。虽然如此，空间的大小并不能划分谁更加地好，文学有它的意味无穷的美，电影有它浓缩成熟的美。

# 小说与游戏设计

2011级动画学院 / 潘铨

作为游戏设计班的学生，我们善于接纳各种各样的素材用于创作。在我的认知里，游戏包罗万象，没有什么东西是不可以运用到游戏中的，因为我们在制作游戏的时候，其实是在创造一个虚拟的世界，而一个虚拟世界，又有什么是不可以容纳的呢？

我从小就喜欢看小说，小说也是让我喜欢上“创造世界”这项活动的原因，因为它丰富了我的想象力，让我知道这事原来还可以这么干。

开发游戏，首先想到的就是市场，也就是受众，那么漫画和小说改编就成为了我们的不二选择。早期对金庸、古龙、梁羽生的小说改编的游戏有很多，除了他们故事的世界观成熟，设定精巧，人物丰满之外，最重要的是，他们的读者太多太多了，多到只要能抓住其中的百分之十，这个游戏就能盈利了。

当然，也不是什么小说都能拿来做游戏的。像是言情类的小说，首先不一定能感染所有接触它的人，其次故事的自由度太低，玩家一旦进入就有被束缚的感觉，对于一款游戏来说，还有什么比明显的不自由更可怕的？

游戏，说到底还是让人开心的东西，如果总是那么痴缠或忧伤，那还是游戏么？所以，创作上，我更喜欢选择玄幻、仙侠小说，宏大的世界观提供了高自由度、完善的等级设定和精彩的物品设计，节省了大量时间成本；或者历史类小说，弘扬传统文化，有助于提高民族凝聚力，亲身参与历史的刺激感。

当主基调定下来之后，对于玄幻、仙侠和历史类小说关于感情部分的不足，我会引用言情小说和都市小说，将它改编加入其中，用于丰富主线和支线，增加整个游戏的厚度。打个比方，都市小说善于多人物的描写，这能使得我在设计游戏的过程中提高游戏背景的丰富程度和表现力，使它不是从头到尾都只与一个或两个NPC进行互动，显得过于干瘪单薄。

要是硬要强调剧本的故事性，也不是没有办法。根据要求，我可以把它设计成动作类游戏或者射击类游戏，这两种游戏更注重体现动作感，对故事的破坏性小，玩家容易接受。

我们做游戏的，最希望的一是创造一个让大家沉迷进去的世界，二是游戏大卖。故事背景有助于我创造这个世界，但是我不会被故事背景所限制，因为它只是众多游戏文化符号中的一个，并不是特别重要，不然手机游戏根本没有背景，为何火成这样？

剧本从来都是让步于游戏玩法和营销的，它是一个装饰品。有它，游戏可以拥有自身的所谓游戏文化，“经得起玩家推敲”；没有它，游戏还是游戏。就像你去游乐场玩，玩的是其中的器械，你会去关注摩天轮和旋转木马有什么故事么？

小说很棒，小说能开启一个游戏的创作源泉，小说可以使一个游戏拥有其文化，小说可以是一个大卖点，但是一个游戏决不能让小说左右。

# 我的艺术创作观
## ——从摄影的角度浅谈

2011级摄影学院 / 杨卓君

每次和同学一起去博物馆看展览的时候，总会感叹：拍成这样，也能叫摄影作品？这种东西我也能拍！这就是经常被人们“呵呵”的当代艺术摄影的处境。摄影走向了一条让人们越来越无法理解的道路，变成了一种在局外人看来自娱自乐的游戏，这个游戏里只有这样几种人：摄影师、策展人和摄影作品的买家。环顾国内高校的摄影教育，被提到最多的摄影师依然是布勒松、卡帕之类，也就是说多数人对于摄影的理解依然停留在画面里面还有“内容”的时期。而至于杉本博司之流，恐怕大家就只知道干净的海平面，至于为什么他们能在艺术史上留下这样一笔，就毫无头绪了。

你一定要问，为什么他们要做这些很无聊又让人看不懂的东西？在格洛伊斯的《走向公众》的前言里面，他试图从诗学的角度来阐释当代艺术。那么这个诗学是什么？从传统上来说，人们观看艺术品是希望从中获得一种审美体验，这是一种美学的态度，在这一体验中，观者处于主人的地位，而艺术家作为艺术品的制作者，处于仆人的地位，艺术家的创作是为了给观众提供审美体验的。而从20世纪初开始，这种主客体的对立关系开始崩溃了。艺术家创作已不再是为了愉悦公众，而是开始变得关注自身，关注艺术创作这个过程自身。这就是格洛伊斯所说的诗学，艺术家从关注外部世界转为自主诗化的构建。我的通俗理解就是，我自己玩我自己的，你怎么想我管不着了。那些令人们不知所云的作品也许只是艺术家的某一次实验，或者，他其实就是跟你开了一个玩笑。

前段时间，我系邀请美国Parsons设计学院的Jim教授为我们开设了为期一周的工作坊课程。每天我们都有一个关键词作为创作的主题。在进行创作前，我首先想到的是拿到一个不错的分数。“别搞砸了”大致可以总结为我们二十年来所接受教育的准则。可即使真的“砸了”又怎样？这次的课堂上，各小组所展示的作品仅在形式上就各不相同：有录像，有声音，有图片，有行为，打破了以往我们对摄影创作的定义。当一个小组的成员突然冲进教室，当着所有人的面砸破一个盘子的时候，我有一种醍醐灌顶的感觉：原来也可以这样。

我曾经以为只要我肯比别人多花时间，做更多的研究，我就能把作业做好。或许在由老师制定的框架下，这条原则是适用的。可如果我们毕业后，没有人给你指定要求时，你该如何完成自己的创作？我记得Jim教授曾经跟我说过这么一句话：“把每次的作业都当成一次展览去做，想象将它放在更大的舞台上，或许你就能做好了。”

最后一天的公开讲座，Jim老师集中给我们介绍了当下国外较为知名或前卫的摄影艺术家和他们的作品。恰好之前在网上看到一篇写给戏剧学院学生的文章，作者在文章中写道：“关于创新意识，我常常惊讶于戏剧学院的学生，包括老师观念上的陈旧和落后。信息的迟滞和闭塞简直让人难以相信。更可怕的是，我没有看到他们对世界上最新的舞台技术和舞台美学趋势的求知欲。在网络如此发达的今天，如果有心，就可以查到你想知道的任何资料，就能找到美国，欧洲乃至日本、韩国最近上演的剧目消息，最新的剧评和最有趣的舞台设计……如果一个一心想做导演的学生，对这一季百老汇在演什么，去年的普利策戏剧奖的得主，最新的装置艺术，最贵的当代画家，最受关注的行为艺术家等等全部毫无概念，一无所知的话，那他不仅不可能在此基础上有所创新，甚至是对自己从事工作的失职与怠慢。”

我本人不是图片摄影专业的学生，所以平常很少主动去了解当代摄影师的情况（也和自己懒惰的性格有关），但是这次的讲座，还有平时上课与老师的交流中，Jim会经常提到一些当代的新锐艺术家供我们参考。我想如果开设电影史，摄影史的课程是为了纵向的回顾过去，了解我们当下所处的位置，那么收集最新的信息则是为了横向的知道同辈们的所作所想，以期激发我们创作的灵感。

或许至此，我大概明白了艺术创作的意义。他不仅能培养我们的智慧，让我们找到问题的答案，还应该能帮助我们了解生命的所有精微面——它惊人的美，它的喜怒哀愁，与此同时，它还应能创造一种自由的氛围，让我们生活在其中，探索什么是真相，然后我们会变得有能力了解以及面对自己和这个世界。

# 我的艺术观

2011级影视技术系 / 王博帆

百度了一下艺术的本质是什么。众多的回答中有一句话吸引了我的注意："艺术是人类精神世界的其中一种延伸"，其中"人类"一词我加了下划线。原因是更准确的定义应该换成"生物"，但由于人类以外的生物目前所创造出的艺术价值过于稀少，故用上"人类"一词。

我想换成我的话来解释这句话，那就是：艺术是人之所以为人的原因。

我们常常会思考我们作为人类存在的意义是什么，人为什么要活着等问题。而艺术便可以让我们沉浸在那些过去确实活过、那些在他们活着的时候就面对过我们今天所遇到的问题，并为此而挣扎求索的人们的亲身体验中，分享着他们的思想和情感，从流逝的岁月中学到很多东西。

这种人类对精神世界的思考，我以为就是哲学，而艺术就是对这种思考的表达。

基尔克果说过这么一句话："正因为人类比动物优秀，换言之，人类是自我，是精神，才做得到绝望，不懂得绝望的人不会有希望。"

这是我个人非常喜爱的一句话，它极大地影响了我的艺术观念。

我认为只有通过让人类正确地领悟到隐藏在内心的残忍本性，才可能培养规制它的良知和理性。比如像《恶之教典》这样的影片，Psycho Pass这样的动画。

我知道艺术是创造美的。可能大多数人会反对这种丑陋的创作方式。但我认为艺术创造的美指的不是好看或者不好看的美。我认为真正的美是道德上好的事情或者正确的事情，这也是源于《圣经》中描述犹太人对于好的事情或正确的事情，就称这事为善、为美的"美"。

用艺术的方式直接表达出人类内心残忍本性的丑态来纠正人类，从而规范心灵。

这是我认为最有效的方式。

有点说得语无伦次，也有的地方引用了网上作者写的话。但这的确是我关于艺术的一些看法。

# 艺术观随想

2012级文学系 / 刘然

艺术，作为文化的金字塔尖，它往往绚丽夺目。但究竟是什么决定了艺术，艺术又和什么相关？常常有人这样问。

我作为一个学习艺术时间不长的学生，没有详细地研究过艺术史，也不敢说自己已经建立了成熟的系统的艺术观。在我看来，艺术创作首先由作者决定。艺术和作者个人的经历有关，并且受作者个人条件的限制。一件艺术品必定融贯了作者本人的某种观念或情感，体现作者本身的一部分。但同时艺术的发展不能离开当时的社会大环境，它受当时的政治环境、文化语境等因素综合影响。一个艺术家，不管如何特立独行，也无法使他的作品独立于时代存在之外。优秀的艺术作品，必定是很好地体现了它所处的时代特性，并且具有一定的超时代的创新性。

拿我的本专业——文学举例，中国近现代文学史上出类拔萃的作家和剧作家，往往是能够在信息闭塞的时代接触到最新的世界文艺潮流并且将它与自身所处的社会环境相融的人。比如曹禺的作品之所以在当时看来格外深刻，和他受到精神分析理论影响密不可分。徐志摩诗歌体现的浪漫飘逸则离不开他在英国入学时受西洋浪漫主义文化的熏陶。领先于时代并反映时代的艺术作品，往往容易成为精品。因此，在我们日常的创作中，必须学会贴近生活。

而作为一名电影工作者，电影作为工业产品的现实属性要求我们为了追求利益最大化，需要使受众更广泛。这就注定了进行电影创作要比进行文学创作更深思熟虑。在表述自我意志的同时，也要注意服务观众，态度务必要严谨认真，避免将电影创作变为盲目的自娱自乐。

当然不管是任何形式的艺术创作，都需要绝对的真诚。真诚地看待世界，关注广大的人群。需要时刻打量世界，并保持思考。要保持敏感，对周围的事物有感受有体悟。因为人文情怀往往是艺术的灵魂，赋予艺术灵动的气息及打动观者的能力。唯有作者态度真诚、目的简单才有希望创作出最优秀的作品，虚伪造作脱离现实的空中楼阁不可取。因此作为一个艺术工作者，摒弃杂念、保持初心也是重要的能力与品质。

此外艺术还应当成为武器，在全球化的今天。西方的艺术始终代表世界的先锋潮流，潜移默化地对世界造成巨大的影响。伴随全球化而来的，还有西方的价值观和一些腐朽文化。在多元化的自由文化市场上，粗糙劣质、媚俗肤浅、暴力色情文化产品泛滥，对严肃认真的艺术创作产生了冲击。我们在进行艺术创作时，应创造能够清楚表达中国价值观的作品，以此表明我们的态度，并形成中国的影响力，抵御腐朽文化的侵蚀，提升中国的软实力。

# “于每一触”
## ——我的艺术观

2012级文学系 / 吴东恩

为了成为“人”，阅读可以说是一项义务，是不容懈怠的。我有幸能够偷得些许闲暇时光读上些钟爱的书篇。但我终究是无法称自己是个知识分子的，我想这大抵是由于我并不像他们一样对知识对书本所存有的神祇般的信仰，以至于知识成为血液似的存在流淌在他们的一言一行之间。单就这一角度而言，我是绝称不上知识分子了。从不能把知识作为思索的方式，取而代之的是感觉。那句“跟着感觉走”放置我身上是恰当的，显得有些矫揉，却是准确的。那些或出于所谓的“知识”只在眼前晃一下，依稀记了个雏样也便束之高阁了，纵使是积了一斗的灰尘也不愿拿出来看看。于是啊，从书本里看到的“艺术”这个词汇可不是能用一句冷冰冰的定义可以去言状的。我是庆幸于此的，带着那种无知者的“不知廉耻”，无畏地走着“知识分子”们嗤之以鼻的思路，我只是跟着我所相信的知觉来看“艺术”。细想想实在是妙的。

生活，我是指我们用肉体能感知到的现实，就仿佛一颗未打磨的钻石。艺术家用雕镌工具把它切割雕刻成美丽的模样，熠熠生辉。有人说雕镌工具是“艺术”，有人说艺术家是“艺术”，有人说雕刻完成的钻石是“艺术”，亦有人说未打磨的钻石本来就是“艺术”了。

第一种人认为创作工具是艺术。这种物化的思考或许是偏激的。当然不否定工具的发明、制造和使用是人性的智慧闪光，然而这种把艺术寄托于具体事物的观点在我看来便是将本该鲜活跳跃的火花变成了枯萎僵硬的机械。同样寄托于事物的，把艺术家和艺术等同的观点是值得存疑的。艺术产生于人性似乎是一个通识，不值得赘述。而当人被过度的放大到吞食艺术的程度时，便是可怕的。艺术和人不能是等同的，但也没个高下。谁能说人活成了艺术，艺术成为了人？当我们看到艺术品诞生的时候，自然而然会油然而生“这便是艺术吧”某种类似恍然大悟的感受。正如我看到梵·高的《向日葵》时嗅到的芬芳，见过莫奈的《日出·印象》时感受到的雾霭与光线，以及达·芬奇《蒙娜丽莎的微笑》玄妙的意味深长。那一瞬的触动啊，是会有彻骨的震撼的。毕竟那是一种很纯粹的美丽迎面而来。可我不觉得那是艺术，那只是一个触动，由一个作品一个既成的事物以结果和总结的形式结构出的完美而已。而说生活本身即是艺术的第四种人试图去暧昧艺术与生活。而这两者显然是相依又相异的。“艺术来源于生活却高于生活。”虽然成了陈词滥调的万金油弥漫在各种廉价的谈话中，但道理犹存。艺术与生活必是存有相互的映射。并不是说未被认知的就是不存在，而是俗话中的“酒香也怕巷子深”，若不经淘沥的真金怎能显其尊贵，若不经历淬炼的宝剑怎能见其锋锐?

从我的观点看到的艺术是刻刀切下去的一刹那，是磨刀摩擦的吱吱作响——我所认可的艺术是创作的过程。画家在画布上抹下每一个笔触，作家在纸面上写下每一个文字，音乐家在乐器上敲下每一个音符……就在建成艺术品这座摩天大楼填上一砖一瓦的这个行为，这个动作，这个过程才是真正的艺术。在创作中必然会倾注着不一样的感情，每一个动作都是在不一样的情绪和心理的役使下进行。艺术家们跟随着当下的感受挥洒着灵感，创造着那个被缪斯祝福的小小火焰。那才是最美的。好的艺术必然是美的，不管是以或美好或丑陋的方式存在着。创造的过程永远是流动的，活的，不管是戴着镣铐舞蹈还是挥着翅膀翱翔都是一次存在，把每一霎的维度交会起来才能出现那种完全的、美的果实带给人们。

我终究不是个知识分子，但我庆幸如此。

# 喷薄而出的真相

## ——艺术是审美化的人性

2012级文学系 / 施若旻

自从到了电影学院以后，各系各科老师都在自身的艺术素养之上根据各自独特的艺术生产经验教授我们艺术知识与艺术理念，每一位老师都自成一套体系，他们在自己的体系中圆满，却难免让被各种思想狂轰滥炸的我感到慌乱莫名。在经历了将近两年的折磨思考与自我审视后，我渐渐摸索出一条属于我自己的艺术观念。

艺术，是审美化的人性的真相，它比真实后退一步，艺术创作者站在真相之后以审视的视角反馈，是真实的再创造，这并不等同于真实的再现，甚至在某种程度上与“真实发生”背离，但它的目的始终在于给予艺术鉴赏者审美化的人性剖析体验。

任何形式的艺术，例如文学、电影（视听）、音乐、美术等，都是以外化的手段表现人与人类生活，所有艺术学科，最终都归咎于“人学”。关注人，是每一个艺术工作者最首要也是最本质的工作。以本课课上所读解过的小说为例，从辞藻繁复华丽的张爱玲到风格冷峻粗粝的海明威，从天马行空的马尔克斯到细致入微的芥川龙之介，他们的风格各树一帜，但无论以何种风格存在的小说，无论情节跌宕或平整，结构复杂或清晰，最终他们都是在描写作者对人的理解，对爱、人的本性的认识。张爱玲笔下为爱恨情仇生生死死的善男信女，对男女相互需求关系的剖析，对女性本身的同情与珍爱，融于她许多角色、情节的血肉之中；在大海孤舟之中与自然搏击的老人（《老人与海》）、在幻想人世中浮浮沉沉的人（《百年孤独》《霍乱时期的爱情》）、雪天不留痕迹生命消逝的长衫“书袋”（《孔乙己》）……每部小说中的人物，都可以被看作是作者在创作时的另一重人格，人物即作者观念、认识的虚拟“实体”，他们鲜明又可信的特点，是作者对人性本质的理解，关于人本性的善良、虚伪、暴力追求、对爱的渴求、情欲、孤独、冷漠、扭曲的情感等，几乎所有被世人记住的小说中都有令人震撼的人物，而这些人物往往撞击到读者内心深处，引发共鸣与思考，作者与读者的心灵碰撞、激荡，都来自于二人共为人的基础。小说如此，电影亦是如此，所有伟大的电影作品都是对人、人的痛苦与本性的视听展现，即便它展现的方式是意识流的、静物化的。即使是与人看上去距离较远的“雕塑家”“静物艺术家”，例如日本当代的玻璃艺术家草田正树，尽管他所创作的是玻璃，但玻璃所显示的恰是草田正树对世界与人的理解——纯粹、坚硬与柔软。所以，艺术本身，即是一种人学。

然而，艺术对人性的再表达，是审美化的，也必须是审美化的。生活中处处是人性的细节，但并不是每一个人都能体会，而有所体会的人已然比常人多了一份敏感与深刻，但这并不是成为艺术创作者的唯一要求。生活对人性的感受是“碎片化”的、是解构式的，创作者将这些理解以电影、美术、音乐、小说等艺术形式表达出来时，必须需要对碎片进行整合、重塑。结构的能力，就是对其的审美化，艺术必须得是审美化的。作品的风格、流派、结构等都是审美手段。藏在手段之下——在波涛汹涌下的——是喷薄而出的真相。然而每一个人对于真相的理解都是不同的，这带来了作品的多样性，从形式到内容，但最终这一切都仍归于人本身。常有理论将形式与内容分离，然而我认同戴锦华老师的观点：分离形式与内容就像是在剥洋葱，一层一层剥到最后发现，皮就是果肉。没有形式的内容和没有内容的形式是不存在的。形式是审美的，所以艺术，即是审美化的人性。例如电影《罗拉快跑》，电影叙事的形式是“游戏化”的，而它的意义本身即是形式的特点——时间的可能性、命运与人的抉择。电影的内涵在其“游戏化”的风格特点中不露声色地被展现，它的独特形式甚至颠覆了电影常规，开拓了电影内涵新的可能。关于人的真相，掩藏在艺术形式之下，喷薄而出。

所以在我的艺术观中，每一个艺术创作者，本身就是人类学研究者、生活家、哲学家，他必须感性地感受又理性地剖析，艰难又痛苦地将一切难堪、丑恶、劣根、善恶展现在他人面前。

# 世界很大，路在脚下
## ——我的艺术观

2012级文学系 / 贾可

“人生没有地图，只有靠着梦想，朝着有光的地方去。”

这是初中时候在一本旅游杂志上看到的题记，多看了几遍就记下来了，没想到这么一记，就是好几年。

总是有太多的顾虑，顾不及上路又去工作，赶不上公交就去挤地铁，有的考虑过需要背负的责任、面临的问题；有的计划过自己在这段零收入时期该如何精打细算，不靠父母养活自己；有的在如何平复内心的不安定感中徘徊；有的说现实终归是现实，不得不考虑和面对。每当我们真的想出去转转，看看这个世界的时候，总是有太多的羁绊牵扯我们的思绪，抑或者身体的疾病带来的困惑让自己久久不能出行，等后悔的时候，什么都已经太晚了。

世界很大，路在脚下，这可能就是我的艺术观。

选择来到电影学院，考入文学系，本身就是一次大胆的尝试，就像一场旅行，这趟旅程带我经历之前所没有经历过的人生，带我看到了之前所没有领略过的悲欢离合，每一天，睁开眼，都是全新的世界，全新的自己。电影学院就像一扇窗，会在每时每刻都告诉我，这个世界很大，我很小，可是不管这个世界再大，我再小，路也都在脚下，只要走，就有前方。

在电影的世界里，我能嗅到西藏的格桑花，看到可可西里奔跑的羚羊，抚摸到耶路撒冷的神圣，感受到斯瓦尔巴德极光的曼妙。通过电影，我能了解《公民凯恩》的一生，能看到《布朗森》的癫狂，能体会《ET》的赤诚。同样还是电影，我能看到人与人之间的爱恨情仇，我看到江湖，看到战场，看到冷兵器时代血与铁的较量，我能看到爱情，看到欲望，甚至还能偶然一窥宗教的玄光。电影通过影像叙事，丰富我的人生也开阔我的思维，《罗拉快跑》让我目击蝴蝶效应，《闪灵》让我直面来自幽闭恐惧中的那柄斧子，《127小时》将“壮士断腕”与向生的本能合在一起，成为一种比身临其境更真实的幻象。

因为热爱电影，我的世界变大了，无时不在变大着。

可还是那句话，我的艺术观是，世界很大，路在脚下。只要走，就有前方。

就像寻觅一段邂逅于断桥残雪上的爱情一样寻觅着一段属于自己的影像，不一定会有结果，可能终其一生在追求的东西无非也就是一段镜花水月露水情缘而已，但是我与影像与艺术与梦想曾经一同携手并肩走过的路，追求过的美好，看过的世界，却会始终鲜活如初。

追求着艺术的光，追求着美的热，宁愿做一只飞蛾。

作为一名写字的人，我想用自己的方式书写，写到哪里、走到哪里，哪里就是我的恋人。

我还年轻，生命细水长流，路迢迢，繁花还未谢尽，水远山长，世界很大，路在脚下，只要还在走，就还有前方。

# 空问

2012级文学系 / 贾鹏

小时候家中为了赶时髦，买了VCD放映机。有一次亲戚来访，留下了成龙主演的《A计划》光盘，这是我们家第一张电影光盘，这也让我对电影萌生了最初的喜欢。我和妹妹只要吃完饭写完作业，小荧幕里闪现的就一定是成龙的身影。我依稀记得，我和妹妹一直在恐慌中探讨着和剧情全然不相关的问题，例如如果把电视的玻璃屏幕打破，那些海盗跑出来我们该怎么办。

这是一个让我魂牵梦萦的设问，不久，我和妹妹便与电影里穿白蓝制服的海军成为了兄弟，与扎红巾的大战了八百回合。那是一次壮烈的探险，我甚至数次负伤惨重，险些丧命…… 至今，那些幻想中的景象都不曾陨灭。尽管如今看来《A计划》算不上精致，甚至有些简陋过了头，但我觉得那就是艺术，那就是艺术之所以存在的意义。

我想，这就是我的答案——艺术这个词说起来好像总是难逃高深，深刻。可对我来说，想象力与感动蹿涌的时刻艺术就在发生。一抹颜色、一串音符就足够隽永。不需要掌握任何技能，不需要置办任何工具，不需要批判与审视，它会自然上演。上一刻的风，这一刻的光，都是最好的模样。当我们不再去界定艺术是什么，而去感受生活本身的时候，一定可以离它最近。其实这种感受很像“众里寻她千百度，那人却在灯火阑珊处”。

这样说来艺术实在是太壮观了，它几乎可以涵盖世间的一切。可它本该如此，但却不止如此。

前些日子我曾经的一位老师在为她四岁的儿子馒头而头疼，因为馒头画不出任何一朵成形的花朵，不能为图案涂上“正确”的颜色。后来，馒头的父亲十分自豪地说："为什么一定要正确？我觉得他画的比我当初好太多了。"从此，馒头开始了更大胆地"创作"，几乎没有他画不出的东西，而他画的每一幅画几乎都是凌乱的线条，那些涂鸦完全无法被成年人的意识所识别。想起馒头的父亲已经是中传的教授，我更加觉得这份支持与自豪来得可贵。

不错，艺术不仅壮观，而且和善极了，可以与任何人亲近。我十分羡慕馒头可以被这样宽容，因为苛刻与正确，我想我错过了太多未知的自己。好在我还有电影，还有文字可以让我片刻放肆。但幸运的是艺术可以随处发生，也好在我还未在麻木的制度里全然迷失，可以让我警觉此时自由的难得。

艺术是什么，这本不该是问题。艺术来源于哪里，更不能被定义。它远比我们可以想得到的范畴大得多，深得多，但也简单得多。我们的眼睛，耳朵，双手…… 每一处可以感知的部分都会由衷地告诉自己答案。

# 艺术作品要有正确的价值观

2012级表演学院 / 姜珮瑶

艺术，看起来是一个极其抽象，看不见摸不着的词汇。而人们对于艺术的态度，也是多种多样的，有人把它当作茶余饭后随意议论的谈资，有人却把它视作终其一生追求的终极目标。艺术究竟是什么，似乎谁也不能说清楚，但对于我而言，艺术就是一切能够表达美的事物。

大家经常都会说，艺术来源于生活却高于生活。从远古时期开始，当人们能够满足最基本的衣食住行的需求时，便会自然而然地追求在精神层面的需求，一个简单的图案，一段简单的旋律，就开始了人类追求艺术的脚步。艺术发展到现在，已经形成了一个较为完整的有机体，从艺术教育到艺术创作，从艺术作品再到艺术产业，人们对于艺术也开始越来越关注，越来越意识到艺术在社会中所占的重要性，于是大家开始观赏艺术作品，尊重甚至追捧艺术家，并且越来越多的人前赴后继地加入到追求艺术的队伍之中。

很显然，费尽心力进入电影学院学习的我们就是这个大队伍之中的一员。对于艺术每个人都有不同的观点，首先我觉得，艺术产生的目的一定要是带给人们“美”的感受，这里的美不是单单指视觉或听觉上的美，而是精神上心灵上的美。艺术作品可以是直接表现世界上的真善美，也可以是表现社会的不良现状，但是其终极目的都是让人们明白点什么，就算作品本身给的信息是丑陋的，也是要让受众去思考去反思怎样才能改善这样的状况，创作者的态度永远都应该是希望世界充满美，都是对世界抱以大爱的。它所宣扬的应该是正确的价值观，反映大多数人正确的价值观，矫正一部分人不正确的价值观，也就是说，艺术作品除了让大家欣赏并带来愉悦之余，更应对于这个社会这个世界有着贡献，有一定的作用力，要带给大家“正能量”。当然，对于艺术作品本身来讲，它也一定要有可看性，是有血有肉有灵魂的。

在艺术创作方面，在现在的学生时代，要端正我们的学习态度，用心去学习、借鉴、模仿，是必经的途径也是很好的锻炼，但这仅仅是在学习阶段，不能养成习惯，不然会在往后的艺术创作中习惯性抄袭。艺术创作应在积累的基础上不断创新不断融入个人的性格和思考。艺术观的形成不是一蹴而就的，而是在积累、学习和实践中慢慢建立起来的，也许我现在的见解过于浅薄，但我相信在不断学习的过程中，它将越来越成熟。

# 浅谈对电影的认识

2012级表演学院 / 梁敉郛

我已记不清第一次与电影接触是什么时候了，但事实就是这样，电影无声无息地进入我的生活，也许那时候还没意识到，不过之后真的就密不可分了。

对电影有初步的印象应该是在小学，那时候中央六台、地方台经常放电影，有时候还去外面租盘看，不过最爱的还是香港片，喜欢成龙、周星驰、李连杰、刘德华，等等，里面有很多搞笑的情节和精彩的动作场面，比如成龙和周星驰的电影。那时候看电影没什么太多感觉，只是感觉有趣。之所以到现在还喜欢港片，差不多能解释了。第一，香港电影的一些叙事模式，跟好莱坞是很像的，我现在对好莱坞更是心驰神往。第二,一些港片本身的质量过硬，功夫皇帝李连杰等，都是那个时代最美好的记忆。记得在六年级的时候，对成龙的电影更是痴迷，经常把自己幻想成片子中的英雄人物，在操场上乱跑，结果被教导主任逮到了好几次。那时，除了《泰坦尼克号》，我是很抵制外国片的，不过妈妈还是给我租了类似《小鬼当家》《精灵鼠小弟》等经典儿童电影，慢慢我开始对外国电影有所接触。

等到初二的时候，我已经开始主动接触电影了，自己去找片子看，港台片依旧是首选，喜欢的人变成了梁朝伟、周润发、张国荣等，对吴宇森的暴力美学特别推崇，在关注电影主角的同时，也开始试图了解导演。此时不仅不抵触外国片，反倒是更加珍惜了，凡是假期电影频道放的电影，无论白天黑夜都会去看，尤其是看了类似《阿甘正传》这些经典电影，我开始明白，电影本身不只是一种娱乐消费品，其本身包含着很多的意义与内涵，值得我们去学习去体会。那时最爱做的事情就是看电影，和别人聊电影，试着去记那些外国演员的名字。电影丰富了我的世界观、人生观、价值观，不过也可以说，电影曾经毁了我，同时也让我得以新生。

考上了高中，面对新的学习生活，真是感到厌烦了，三年又三年，这并不是我想过的生活，不是说学习不好，只不过这并不是我想学的，我的心早就被电影占据了。我曾恐惧过、迷茫过，我就这样在莘莘学子中成了一个异类，不过有一种爱叫电影，有一种力量叫梦想，如果你有梦想，就去捍卫它。每天都离不开的就是看电影了，这段时间我大量涉猎电影，王家卫的文艺片我也不惧了，虽然看不懂，感觉还是挺好的，国产的《霸王别姬》等佳作更是一个都不能少。这段时间最主要的，还是看好莱坞的电影，认识了更多的演员和导演，欧洲诸如英法等国的电影也有涉猎。我知道我今后就是吃这碗饭的。

等到进入了心中的殿堂——北京电影学院之后，我对电影的认识又更深了一层。我本以为，我以前掌握的电影量已经可以了，但我发现这只是冰山一角，法国的新浪潮、意大利的新现实、德国的表现主义，还有日韩、拉美、伊朗等国的电影也需要了解。瞬间感觉弱爆了，但我也突然清醒，不再去追求看片子的数量，这个世界的电影多到我一辈子都看不完，看电影不能再像一个普通观众一样，看个热闹就完了。电影抛去作者想表达的情感之外，他本身更有许多东西值得研究，因为你已经是这个行里的从业者了。电影包含的太多太多，我一时迷茫得不知从何下手。不过人生就是会遇到很多瓶颈，回首我所掌握的一些东西，都是我一步一步积累得来的，我觉得自己有点心浮气躁，什么都想做，什么都做不好。我就是凭着喜欢一步一步走到现在的，而今我又陷入了瓶颈，可我知道挺过去又会是另一个高度，我会接着一步一步走下去。我不知道终点在哪儿，可我还是会走。这是我的职业，因为爱所以才会选择我的职业，因为爱源自内心，不忘本心。

念念不忘，必有回响；学好电影，脚踏实地——送给正在迷途中的自己。

# 尊重艺术

2012级摄影系 / 张郁葱

对艺术重要性的认知，以至于发自内心的尊重艺术，是我最基本的艺术观。

任何一个艺术家，不论成就大小，都有其对艺术的独特认知和感悟，并进而形成区别于他人的艺术观。对个人艺术观的探讨和总结，是每一个艺术工作者都应该重视并且区别于其他理论学习的。

我们所处的时代将艺术定义为一种文化现象，其大多是为了满足主观与情感的需求，同时也是日常生活进行娱乐的一种特殊方式。艺术的根本，就在于不断地创造新兴之美，借此来宣泄人们内心的欲望与情绪。艺术是一种浓缩化和夸张化的生活。其范围涵盖了文学、绘画、雕塑、建筑、音乐、舞蹈、戏剧、电影等任何可以表达美的行为或事物。

有人将“艺术”定义为“一切美好的事物”，对此，我难以完全赞同。对我而言，艺术最根本的基础，是真善美，首当其冲的就是真。但我们都知道，真实的东西，必然带着与生俱来的瑕疵，甚至是丑陋的一面。因此，绝对的美好绝不是我所追求的艺术。

我十分赞同在奥斯威辛集中营度过了短暂童年的诺贝尔文学奖得主凯尔泰斯的话：“奥斯威辛之后只能写奥斯威辛的诗。”其实，阿多诺后来反思过他那句名言：“长期受苦更有权表达，就像被折磨者要叫喊。因此关于奥斯维辛后不能写诗的说法或许是错的。”当然，凯尔泰斯也提醒人们，在书写中会形成廉价的感伤主义，这恰恰是对奥斯威辛的否定。我认为在中国，奥斯威辛的书写同样是一种无法回避的使命。

中国当代艺术应该更多地关注艺术与公众、艺术与政治状况和社会机制的关系等一系列外部问题；应该实现这样一种当代艺术的社会关怀：重新建立艺术与社会、与生活、与全体人民的血肉般的联系。

当代艺术的社会关怀的基本理念与核心精神是实现社会成员间的言论自由、自由交流。尤其是针对社会弊端与人生苦难，当代艺术应该承担起道义批判与人文关怀的使命。

最后，在我的艺术观里，居于主导位置的，是人文情怀，在我看来，人文情怀是艺术的灵魂。私以为，所谓人文情怀，就是视人为宇宙中最伟大的杰作，视人的自由与解放为物质生产与艺术创造之彼岸世界中的最高思想境界。因为除了天空和大地之外，世界上凡是有资格被称为文化遗产的东西，莫不是出之于人的大脑与双手的手工性审美产物，是人类在争取自由、在争取解放并创造美好生活的生命历程中思想和艺术结晶！

# 由《少年派的奇幻漂流》看艺术对道德的超越性

2012级录音系 / 茆博文

上了一学期胡老师的艺术概论课，实不相瞒，作为一名理科生听得相当吃力。原以为艺术概论课就是看看名画听听音乐，没想到竟然把艺术上升到人生、道德、社会等层面，搞得我措手不及。但是几次课下来整理整理笔记，惊觉自己受益匪浅。

看到艺术与道德这个题目，脑子一片茫然，不知从何入手。不过当我想到艺术对道德的超越性，不由得让我想到了2012年末的优秀电影《少年派的奇幻漂流》。本文就来谈一谈这部结构很像《阿甘正传》的优秀电影。

## 一、概述

《少年派的奇幻漂流》是一次技术的飞跃，3D第一次不那么为3D而3D，不做作，理直气壮，感觉它就应该是这样的。字幕也不再躲到远远的后面或者杵着你的鼻子尖，一切都那么自然。我注意到几乎每个转场都是背景先变人物不动，新背景站稳后人物再消失。虽然这没什么技术含量，但是这样的转场倒是让人眼前一亮。

好莱坞最难的几大块，动物、水、孩子、3D，在这部电影里到齐了，而且每个细节都做得这么棒：水的部分做得十分梦幻；沉船时计算机渲染的浪花的运动真实得一塌糊涂；鱼的部分和发光的海有点阿凡达的影子；整部电影的每一帧几乎都是一幅精妙的照片。对老虎的把握特别好，一些镜头用的是真的老虎，一些是CG老虎，真真假假以假乱真，凶猛的老虎、卖萌的老虎，特点鲜明。

## 二、剧情

前半部分只能说是一个不错的风光片，但是自从船沉了，一切变得大不一样，随着剧情一层层展开，人与动物的映射渐渐明了，以至于影片结束后呆坐着回味，又恍然大悟了许多铺垫的作用。截至第一个故事，这都是个很棒的科幻片，但是当他讲完第二个故事，我感到很疑惑，我知道远不止主角换了名称而已。思考一下哪个是真的？就是这个思考过程，开启了潘多拉魔盒，瞬间想明白了许多细节的内在。剧情放在了印度，这是一个宗教发达的地区，也很好地构建了一个信仰混乱或者说没有坚实信仰的派。派的童年融合了传统、宗教和现代、科学两种不同的世界观，正是这些混乱的信仰给派的内心埋下了种子。沉船时，他希望他的信仰能拯救他，可是残酷的现实告诉他他错了。海水推着他晃，他自己也在动摇。然后到了食人岛，派找到了信仰的意义，解下手链，放下过去，重新开始。等费尽周折平安到岸后，老虎头也不回地走了，这似乎是个沉痛的打击，但是派也明白了，不能要求信仰给自己什么。老虎有了人的名字，理查德·帕克。仅仅是笔误吗？不。因为这只老虎其实就是自己，就是派的内心、本能。记得初次相见，老虎和孩子都是纯洁的眼神，平等。然而它们各自经历了很多之后，老虎的眼神充满兽性与杀气，而孩子则变得成熟。两个故事，你喜欢哪个？看完电影我喜欢第一个。可是仔细想想看，第二个可能才是真的，动物们压根就不存在，老虎就是少年派内心深处对未知的危险恐惧的自己，一系列的斗智斗勇只是想反映的心理历程？在船舱里喂动物的镜头中，动物们都是锁着的；沉船之后，人怎么没跑出来，动物却跑出来了呢？确实没那么简单，这些动物恰是船上人物的映射。斑马像是被欺负的吃肉汤饭的佛教徒；疯狗像是盛饭的师傅；猩猩，慈祥又聪明，正是派的母亲。这些也在第二故事中得到了证实。再想想这两个故事，第一个故事的细节是不能推敲的：动物不会跑出来，食人岛的一切也都不合逻辑，遍地的仓鼠？夜里会变酸的湖？救生手册上教你三步训练大型食肉动物？第二个故事明显更加真实，动物确实跑不出来，母亲出于本能保护儿子不顾一切，贪婪的罪恶地只吃肉，以至于最后吃老鼠吃人的水手，最终的食人岛，派饿疯了，吃掉了母亲，直到看清了那一颗牙？第一个美丽梦幻第二个残忍现实，真实发生的故事，应该是第二个才对吧？老虎就是派，那么派是谁呢？思维越想越乱，忽然想到有一个镜头是很理性地解读舞蹈，是否暗喻理性、现实、科学的思维占领主要地位？

## 三、感悟

在这场奇幻漂流中，人不再是道德的人。饥饿面前，道德都不那么重要了。所以在船上发生了因为食物和生存权争抢、厮杀，最终演变成了人吃人。最终到了食人岛的部分，完全没有了理性、道德。派不知道自己在做什么，完全是出于生理本能，他一点点吃掉了母亲，直到母亲的牙齿，被幻化成了树生的莲花，唤起了昏迷的派内心的道德底线，他意识到自己的残忍，也意识到这是求生的本能，信仰、理性给了他道德上的负担。最终，派意识到，现实中的信仰不过是自己对别人的期望，上帝不是了却自己的心愿的，而是对世间万物都一样平等的。只有消灭信仰带来的不可能的希望，直面命运。

最后，派回到了人类文明世界，道德被再一次唤起，兽性伴随着理查德·帕克，头也不回地走了。“生命就是不断地放下，但我们都来不及好好地告别。”这大概是想说，我们来不及把过去理清楚想明白，就要面对新的人生。面对两个日本人，派从容地讲了两个故事，母亲的故事被幻化了，或者说，干脆被遗忘了。这是派的主动选择，也就是在回归文明社会之后，对过去的事引发的道德问题的逃避，毕竟“我们都来不及好好地告别了”。

## 四、总结

我觉得这就是一部超越了道德的艺术作品，李安想表述的，大概就是说每个人都是自己的上帝，相对于寄希望于上帝，不如自己拯救自己。和昆汀《被解放的姜戈》截然不同的是，李安并没有大力渲染残忍的画面，没有到处乱喷的鲜血，只有优美的风景和派的独白。然而派所讲的故事却比任何一种血腥画面更能给人带来刺激，艺术的美、道德的善和精彩的美景只能衬托出故事本身的残忍。

# 我对艺术的看法

2012级录音系 / 蔡佳轩

“一千个读者心中有一千个哈姆雷特”，一万个人也有一万个艺术观。而正是由于各人对艺术不同的看法使得艺术具有独特的魅力。

在我看来，艺术是不可捉摸的，它是一个量变到质变的过程。多年锻炼后，在不经意间，可能一个小小的想法、一个日常的记事、一个随意的涂鸦，都成了艺术。像是压死骆驼的最后一根稻草，它们则是促成艺术的“最后一根稻草”。

大书法家王羲之虽被誉为天才，但最终使他的书法成为艺术的还是由于他的刻苦练习，所写之字入木三分。任何一种艺术，都有其独特的认知与感悟规律，并进而与其他艺术相区别。所以，艺术必须是多样性的，没有哪一种艺术可以脱离其他艺术而独自存在。

我虽是电影学院的学生，一只脚踏入了艺术行当，但还谈不上真正在艺术上的感受与认知，所以只能谈谈对艺术的看法。我认为，所有的艺术最终还是关注现实、关注人，艺术永远离不开生活。艺术可能是针对某一人群出发，也有可能是从艺术家自身出发，不管哪种它都是满足人的感受与需求的，两者是相通的。现在商业大片不能说没有艺术感，而眼花缭乱的特技与扑朔迷离的剧情就足以满足观众对于未来或者导演自己未曾体验的状态的潜在向往。那些被评价为没有艺术成分的商业片仅仅是创作者没有将自己的想法表达清楚，从而无法满足观众的欲望，这些是创作者本身思维与技术的局限造成的。

再者，人民自己创造，经过自然与历史考验的艺术作品是让人叹为观止的。湘西某个古老的祠堂上雕梁画栋的每个细节，民族服饰上的刺绣，家家户户门口的年画，等等，这些都凝聚了先民们对美的创造与追求的结晶，它们都是艺术。任何作品都带着奔腾流逝着的时间。它既沉默在亘古洪荒之内，又蕴含于最为遥远的未来之中。

艺术在时间流逝中渐渐化为生活的一部分，或者说，我们本身也是艺术。

这就是我的艺术观。

# 艺术的精神

2012级录音系 / 燕青

艺术对于每一个人来说都并不遥远，它就在我们的生活中，时时刻刻地影响着我们的生活，改变着我们的思想，丰富着我们的人生经历。

对于我来说，艺术更像是我的精神寄托，能够从中找到现实生活中所没有的归属感，同时深刻地改变着我对于现实世界的认知和感受。在“艺术概论”这门课中，老师反复地向我们强调，艺术是另外的一个世界，与现实世界应当加以区分。但我觉得艺术就是生活的一个部分，它折射出了我们的内心。

通常来说，我们的现实生活是单调有规律的，跌宕起伏的经历，轰轰烈烈的情感并不是经常会发生，但我们在内心的深处还会渴望有更多的经历和体验，或者是有了一定的经历，渴望宣泄情感，这个时候就需要艺术作品来对现实的生活进行补充，我们与艺术作品当中的人物一起经历，体会着我们自己的感受，把艺术作品转换成了我们自己的经历，从而得以对自己的生活进行补充，反思，从中获得感悟，得到成长，对现实生活有不同的看法，并能使得自己的内心得到宁静与满足。我认为这就是艺术一个重要的功能。

所以我认为艺术作品最重要的就是情感，无论是何种形式的艺术作品都应当是充满情感的生活产物，是各种各样的情感给了艺术生命力，而作品中矛盾冲突使得情感得到升华，变得独特。而这种情感可以是各种各样复杂的情感，但必须是真挚的，才能够唤起人们内心的共鸣，唤醒埋藏在心中的梦想，看到生活中的自己，或是自己想要成为的样子。因此我们自己在创作中一定要用心去表达自己的情感和态度，有自己的思考，不能只是作为一名机械的工作者，而是要自己努力去创造。

比如说编曲，从事的是编曲的工作有时会被说成是一种工作而不是创作，但我觉得在旋律已经完成的情况下还是有很多可以思考的地方，可以通过细致的编曲来体现情感，通过对和声走向甚至是低音的走向来表现人物的性格，表达态度，表现出对话，甚至更深层面的东西，这就是值得我们去深入去挖掘的。我觉得这也是我们对艺术应有的态度。

当然，对于整个影视作品配乐来说，最重要的是作曲者对于艺术的态度。配乐直接决定了一部影片的性格，当音乐响起的时候这是一部什么类型的影片我们大概就可以作出判断了。同时配乐也可以塑造角色的性格，推动情节的发展。这就需要我们在配乐前对于影片有自己认真负责的思考，就像老师上课所给我们讲的《集结号》的配乐，给了我很大地触动。这部影片对于战争场面的配乐不仅仅是我们传统意义上的雄壮激昂，更体现出了一种对于战争中的每个个体的关爱与思考，体现出了对于人性的关怀。这就是作曲家对于影片更深层次的思考，让音乐使得影片的主题得到了进一步的体现和升华。

我觉得艺术作品的力量是不可估量的，虽然可能一部作品不足以推动整个社会的发展，但足以影响一个人的一生，所以作为我们生活中不可或缺的一部分，我们应该用心地对待，使得艺术让每一个人的生活变得更加圆满。

# 要认真对待艺术创作

2012级美术系 / 陈俊良

艺术观，是指作家对创作与人生之间关系的认识和态度。这种态度决定了创作的作品中所想要展现信息的取向。拥有一种好的艺术观，就有可能创作出激励他人的优秀作品。我们身为学生，或许对于艺术观的思考和理解并没有那么深刻，但其实早在我们开始创作属于自己的作品，比如写下的第一篇作文时，这种观念就已经在指导着我们，影响着我们创作内容的取向。这么说来，我们每个人早已与这观念结了缘。

艺术观的形成，与个人的性格和生活的经历有着密不可分的联系。而我们的创作，与生活息息相关。所以在对待艺术创作上，要认真负责。

艺术作品在被人观赏的同时就传达了你想要表达给他人的信息。这些信息，会产生我们难以预知的变化和影响。我们生活中必不可少的新闻，就是一个非常好的例子。最近有一条老太太摔倒后讹诈小学生的新闻引起了人们的关注。这条新闻对见义勇为以怨报德的行为进行了谴责，并希望借此传达出大众对这件事的重视。本来，事情到这里就可以画上一个句号了。但是不久前，又有了老人摔倒马路却无人去扶的一条新闻，在配图中老人倒在路上，路人很是着急但不敢上前救助，十分尴尬。上文这些看似无关紧要的内容，其实正是说明了艺术创作中责任是多么重大。

一件艺术作品所产生的影响力，就像说出去的话，一传十,十传百，会影响很多的人。而有时，一件具有正能量的作品，在经过大众的传播时难免会改变其本来的面目。于是就有了艺术是一把双刃剑的说法，表现了其非常不好拿捏的一面。这就要求我们务必认真对待自己的作品，要知道，你的作品，也是这个社会的作品，无论正负，它都具有改变的能量。

同样，一个良好的态度也是必要的。如果一件作品充满了怨气，那么观看它的人就将渐渐变得满腹牢骚，这些观众就会散播这种情绪，甚或导致其他人创作出类似的作品，让整件事陷入恶性循环中。所以说，在创作中，一个积极向上的情绪是不可少的。

艺术源于生活，艺术高于生活，最后归于生活，如此反复。在一个认真负责，健康阳光的创作观念下创作的作品，将会播下一颗善的种子，在生活中开花结果缩。

# 艺术
## ——物化的精神

2012级管理系 / 万赫

“艺术”是虚无缥缈的！多少年来没人能描绘清楚它的样子。是远古洞穴先民的壁画？还是古希腊诗人糊口的工具？是帕特农神庙上的多立克石柱？还是卢浮宫里蒙娜丽莎的微笑？艺术——在这个绝对的真空里，一切都清晰可辨。一切又都模糊而未知，似与不似之间，平添了一份想象空间。几乎每个时代的艺术家们都说时代赋予自己的灵感是空前的。而一代又一代的艺术家的伟大创作又大多淹没在艺术史的长河中。

关于艺术的起源问题一直被学术界称为“斯芬克斯之谜”，这也强有力地证明了艺术的神秘。对于艺术的起源，有这么几种说法。一是模仿说，认为模仿是人类固有的天性和本能，艺术起源于人类对自然的模仿。二是游戏说，认为艺术是一种以创造形式外观为目的的审美自由的游戏。三是表现说，认为艺术起源于人类表现和交流情感的需要，情感表现是艺术最主要的功能，也是艺术发生的主要动因。四是巫术说，认为在原始人心目中，最初的艺术有着极大的实用功利价值。五是劳动说，认为艺术起源于生产劳动。但无论起源如何，艺术代表着人类精神文明的重要组成部分，它的存在才让人们有了发现美与体会美的动力。

艺术对于我们到底意义何在？文明的基石依托于理性和科学。但凡是人们能想到的推动历史进程的革命，无不与他们有着千丝万缕的关系。而伟大的艺术作品似乎只是历史的象征与陪衬。如同《自由引导人民》被悬挂在卢浮宫中供人们瞻仰，可它对法国大革命却起不到丝毫作用。但是我们不能否认艺术保留了人类存在于他们所处时代的精神气质。如同雅典娜神庙把我们带回到那个众神的时代，告诉我们人类民主精神的源头存在过这里；如同《十日谈》把我们带回到文艺复兴时期，告诉我们理性启蒙的先驱们曾在这里；如同《国际歌》把我们带回到那个烽火岁月，告诉我们改变历史的革命曾在那里发生。艺术作品是人类精神财富的凝聚。它虽然从未直接推动人类社会的进步，但他却保留了历代先贤们的精神品质，告诉我们过去是如何生存在这个世上，告诉我们未来的方向在哪里。

艺术让人们更加感性，它给予人们必须费尽心机思考才会获得的东西。人类的本性还是决定了我们的抱负、我们所钟爱的事物都是自己理想的投射；理想不仅仅是我们所渴望的事物，理想的实现还必须取之有道，而它在实现的同时也将满足我们的需要。但理想在现实中是不可能实现的，相反，我们只有在充满想象的艺术作品中才能看到理想的充分实现，从而想象它在实现时的情景。艺术传承了人类精神文明，它反映了我们的理想。即使是批判现实主义的艺术作品也表达了人们对理想的追求。所以艺术的价值在于它给予人们对美好事物的无限渴求和向往。

我们是如此的渺小而又平凡。人类仿佛宇宙中的一粒尘埃，随时可能湮没在浩瀚银河的一场灾难之中。但艺术所代表的精神文明能够给活着的人以前行的动力，它无须证明自己的存在，它可以化作每个人的灵魂以更加卓越的形式存在下去。这是科技与物质文明所不能给予的，它或者可以感染一个人的灵魂或者能够震撼一代人的心灵。这也就是它给人类带来的最大财富。

# 我为什么报考管理系

2012级管理系 / 段珮珮

北京电影学院作为全亚洲最好的致力于热爱电影者教育的学府，是我一直以来都想考的学校。在经历了2012年的高考后，我最终实现了自己的梦想。

电影是融戏剧、摄影、绘画、音乐、舞蹈、雕塑后产生的第七种艺术，也是由活动照相术和幻灯放映术结合发展起来的一种现代艺术，电影在艺术表现力上不但具有其他各种艺术的特征，又因为可以运用蒙太奇这种艺术性极强的电影组接技巧，具有超越其他一切艺术的表现手段。作为一门综合艺术，正如艺术本身有着复杂而繁多的分支一样，电影自1895年12月28日诞生以来已有118年的历史，虽短暂，但是在电影放映技术和拍摄技术的不断进步下不断成熟，产生出了许许多多不同种类的类型电影。我家一直以来都有收藏电影的习惯，从早些年的VCD，到DVD，再到蓝光碟，再到现在上千部电影全都存储拷贝，想看的时候从数据库调出来就行，10多年来，我见证了电影的这一阶段的进步历程。

因为受家里的影响比较大，所以我自小比较喜欢这些东西，在少年宫和兴趣特长班都受过培训，学过跳舞；看过不少中外名著，都是上海美术出版社的青少版，从雨果到狄更斯到关汉卿到托尔斯泰到马尔克斯，使我开始考虑一些可能同龄人没考虑过的东西；学小提琴，西方音乐史略懂，并不拘泥于巴赫这些古典音乐大师，还喜欢现代流行音乐；看家里人拍电影，6岁当群众演员，但是很开心。所以我的艺术观比较复杂，兼收并蓄，包容创新。

当时考大学的时候，我一直在想哪一个系能比较好地融合各个专业的门类，最后考虑管理系最合适。不仅能够学习到管理层的东西，在创作层面上也有所了解。而系里所开的课程对我们制作和创作领域都有帮助。在电影行业中，制片、发行、放映三个环节缺一不可，我一直觉得最关键的还是能做出一个好东西。有一个好东西才能更好卖。很多人一直觉得管理系的就是买盒饭的，但我们做的可不仅仅是这些。成为一个有艺术鉴赏力和商业头脑的好制片人是我们的目标，而给广大观众朋友们带来好看的电影则是我们一直以来所追求的。

# 我在电影学院，我的艺术观

2012级管理系 / 段鑫玥

走进电影学院已经有两年，从最初的懵懂，到现在的脚踏实地，怀着对电影的虔诚，一路追寻。感受光影魅力，体味影视艺术人生。其中有苦有乐有感动也有很多感悟。

作为一个电影学院的学生，我想电影学院最神奇的地方，并不仅仅是这里走出过无数的大师，这里产生过一批批台前幕后的优秀电影工作者，这里走出的学子包揽过无数的电影大奖。更神奇的其实是，电影学院那与众不同的独特气质。当你成为电影学院的一分子时，你就会被这电影学院庞大的氛围所感染，对电影心怀虔诚，看电影时好像怀揣使命感似的，你会为一部好电影而拍手叫好，你也会因为一部烂电影而唏嘘不已。拍电影更成为一种生活，电影学院人用光和影的方式追寻着，追寻内心、追寻真我、追寻人生的记忆、追寻生命的美妙……电影育人，我们在电影中学习、在电影中接受教育、在电影中成长。

身为一个管理系的学生，我对电影之所以可以称为艺术有自己宏观的看法。

首先它必须是浓缩，是提炼。电影能成为一种艺术必须有浓缩事件、浓缩人生、浓缩历史的能力，所以电影必须要学会做减法。就像一个会讲故事的人不断筛选着，如果一个镜头能说明白，就不要用两个镜头去填充时长。每个动作都是精心设计，每个场景都是有用意而存在的，精简才不会显拖沓。在短短的90分钟内，典型的场景，典型的人物，典型的事件……组合成的典型人生，令我们冷静观看人生，感悟、感动、感触。这样电影才能称得上是艺术。

再者，影视艺术必须能触碰心灵，能让人更具人性 。即使电影所描述的事件你未曾亲身经历，但好的影视艺术能让你为之感叹，为之感动，为之感慨。好的电影能把你的心与作品牵连在一起，并且让你从中收获不一样的感悟。

我想这个世界上没有什么能像电影一样让人有凌驾于道德之上的爱心和同情，让人更具人性。我们经常会因为新闻里某某人有悖于社会道德而义愤填膺地加以指责，也会毫不犹豫地从法律的角度来判断是非对错。但电影却不仅仅这样，电影似乎有着柔软的内心，它不仅仅关注事实表象，而且还关注于事实之后的真相。它似乎在给每个人一次伸冤的机会，给每个人被原谅的机会。我记得有一段时间公交不让座现象成为媒体批判的焦点，很多人都在谴责一些不让座的人，说他们道德缺失。那时看到这些新闻觉得没有什么不妥，甚至有时候也会跟着喊一声“没素质”。但是当我看完《搜索》后，我觉得自责了。虽然是没有让座，可是她是因为刚得知自己得了癌症，已经没法根治了。她经常打车，那一次她选择了公交那种可以放空的工具，我看着她失魂落魄的一个人坐在公交上，内心茫然、挣扎。相比之下看似道貌岸然的维护社会公德指责她不让座的民众，却多了一层人性冷漠丑恶的反馈。之后女主人公多次想通过媒体向那个咄咄逼人，她没有让座的大爷道歉，但媒体却为了自身收视的利益而无视她，让误解越来越大。女主人公被逼地走投无路，而且还身患重病。那一刻，我们都不会再武断地指责谁怎么违背社会道德，那一刻我们会不由地反省，我们真的是伸张正义了么？还是无意中做了刽子手，深深地伤害了别人？我们真的了解了么？真的该去指责么？这便是电影的艺术，它能拨开道德的限定，引起人们更深层的人性思考。

此外，电影是生活的艺术，所以它必须接地气。电影生来就是给大众娱乐的。它不像文学，只有具备一定的文化素质才能读懂；它不像钢琴演奏，从出生起就和宫廷息息相关，天生有着贵族气质；它不像绘画，表现隐晦，并非所有的画都是人人可欣赏。电影来源于生活，生活塑造了电影。所以电影的艺术感也应该是在生活中提取而得的。只有爱生活，体味过生活，感知、感触、感动、感叹过这个世界，才会拍得出有韵味的电影。

也许我对电影艺术的观点可能不尽成熟，探索、坚持、自省、提高也是一个电影学院人必须的坚守。所以我勇敢地表达，愿与大家交流。

# 给陌生人的一封信

2012级动画学院 / 邹珊珊

XX：

嘿！你好，我是一个出生在20世纪，成长于21世纪的中国女生，现在19岁。好高兴能给你写信，你是谁呢，男孩还是女孩，生活在你那个时代的人还分男女性别吗？

小时候我学过很多跟音乐舞蹈相关的东西，实际上这些学过的东西我早就忘光了。所以我时常骄傲地说出我学过什么什么，但又会因为我什么都不会而感到羞愧。我现在学习动画，初衷是小时候看到一些人的作品，那些给了我无限的感动，给了我一个充满想象力的童年，每天心怀无限憧憬，开开心心的。我希望，我能将那些带给我的感动，也带给别人。

以上我提到的这些奇怪的活动都被称作“艺术”，一开始源于宗教仪式，并且目前只有人类才能参与并受益于这些活动，所以人生来就是艺术家，不管是否接受过正规艺术教育，也不看接触艺术的时间有多长，只要你是人，你就可以自称艺术家并且按照你的心灵遵循自由地进行艺术创作，解释艺术。

很可惜在我小时候，我们国家的人背叛自己的心灵，挤兑艺术家，甚至连学校也对音乐、美术等课程应付了之。后来艺术成为一种潮流，曾经被挤兑的家长们持着艺术情怀虐待子女，争先恐后地将孩子们塞入培训机构，并拿虐待程度互相攀比。艺术成为了一个名利的吸金石，离它的本质越走越远。

前些天我又通宵地做作业，能够如愿以偿地完成一件事心里总是会觉得很满足，不过睡眠不足很容易胡思乱想。我想到了风水轮流转，想到了以前无限风光的阿拉伯、中国、印度……现在的欧洲、美国，和可以说是美国附属国的那些地区。万物的兴衰只是一时的，在我生活的时代往前，有些朝代不到一百年就灭了，一百年在历史里看很短，但确是一代人的一生，他们在世时一定也这么认为——这个世界以后也就是这样了。可事实上，历史是一直匆匆往前奔走的。现在的事情，在未来也不一定是这样，这些并不是总结经验与数据能够预测的。所以我觉得歧视与差距都是一件很讽刺的事情，人们的生命不够长，不会去回忆千百年前的世界格局，他们只着眼于自己能够存在的这段时间，站在这个时代给他的位置上尽自己所能去掠夺，排除异己，尽可能地炫耀自己站的位置或者无尽地艳羡别人。就像物质交换，行星轨迹，这个世界是一直在循环的（不过总的方向是一直向前的）。真希望这个世界上的人能够心平气和地谈一谈，而不是我征服你，你臣服于我，终归大家的宿命都会翻来覆去地变化的，何不解决掉潜伏在未来的麻烦事。反正那个时候我已经不在了，人们总是这样不负责任地想。既然已经说到这儿了，我再来跟你谈谈文化吧。

要消抹杀一种文化不难，各种革命之后，我们失去了不少有趣的东西。我死后仅需几十年，我就可以从历史里彻底消失。所以，我给你写这封信，你知道我吗？曾经有个生活在21世纪70亿人口中的一员，一个19岁的女孩。

人死了之后就什么都没了，甚至就像从未存在过，然而我还记得那些人。无论是过早地逝世，还是按自然时间走进坟墓，只要人类文化不被消灭，他们都会得到永生，因为我记得他们。这大概是我人生目标的重要组成部分之一了。最近我突然彻底明白我要做并且一直以来都在做的是什么了。我希望，能够让我，让我身边存在过的人，不仅存在于他所走过的有生之年，与世长辞之后，也能够有人知道他存在过。我希望很多年后也有人能够读到，看到我所留下的东西，去想象我生活的时代，我的心情，与我有交集的人。

我不是要名声大噪垂名千史什么的，我讨厌那样。简单说就是，能够在一个我不存在的时空里，出现一个或几个完全陌生的人，了解我。

童年时期我常常困惑：在我出生之前，我在哪里。那时候常常因为对时空的起源与延展的疑惑而苦苦挣扎。物极必反，经历这些之后，我终于开始看看未来了。稍微懂事之后看见自己逝去的亲友，便顾忌死后的世界，我开始忙碌于功利。再后来我发现我实在愚蠢，谁也不知道自己生前死后是怎样，何不好好享受人生，自己的人生才是自己目前最能够清晰感受到的。但现在，我不仅要考虑生前，还要考虑死后，我不仅要考虑我的人生，还要考虑我的存在对于自己有何意义。没有祖先们的努力，今天的我就不可能直立行走。那我，我能做些什么呢。

朋友们推荐我学学哲学，我以前很抵触，但最近终于明白哲学是什么之后，开始觉得这个建议有些道理，当我把手头的事情忙完后，我会去看看相关书籍。我觉得艺术是不能摆脱哲学、宗教、历史、社会、科学等等独立存在的，艺术可以创造一个世界，但是没有真实世界，就谈不上什么艺术世界，艺术，也可以反映真实。

写了好多严肃的东西啊，而且好跳跃。以你这个时代的文字你有可能看不懂，好在我还会画画。总之，我不会再谈及这些。可能思索这些零零碎碎的内容是这个时代每个人都要经历的事情，要是被其他人看到了可能会跳出来指责我很幼稚，毕竟我还年轻，以后说不定我会推翻自己所有的想法，甚至为此刻的自己感到羞愧。那算是件很可悲的事情吧。我不会和身边的人说起这些，他们会觉得我脑子有问题，不好相处，怪咖，或者玩笑般看待它。毕竟，平时我就看上去不修边幅，疯疯癫癫，谁会料到我也会想点严肃的事情呢。而且或许他们自己也在想这些呢，只是迫于与我相同的压力而保持沉默。也许，这些观点对于你们来说并不稀奇，也许这只是一个众多公民持无神论的国家中的某个人的灵光一现。因为在我们的世界观里，我们都是自己的上帝，在我们死后的世界里再也没有别人。

我相信你的存在，也希望，生活在未来的你，能够无所顾忌地说出真心话。

这些应该就是我整个人的本质吧？要是看懂了大概就看懂了我的过去和未来？人真是容易被看透啊……真希望你不要看得太明白。

谢谢你读到我的信，很高兴你能认识我，但我还不认识你呢。

真不公平。

一个中国女生

2014年4月于北京

# 一个动画人的艺术观

2012级动画学院 / 聂轰

曾经幼稚的我总是想要找寻艺术最单纯的美感。认为艺术就是为了表达美感。

到现在，我的“美”才是广义的，不是单纯的形式上的，或是颜色，或是画面，或是一种单纯的能够吸引住我的东西，我一律称之为“美”。

不论是什么，那些看起来让我反胃的我总是不愿意看，更加不能很好地接受。有时甚至胃液要从口中呕出的难受，毕竟不是那种常态的东西。所以我就犹豫了，究竟是自己心态的问题，还是它本身的问题。

或许两者都不是问题。

这不关乎什么，不论是直接的表达性，死亡，恐惧，历史，荒谬还是什么，我们都不容易被自己所不愿意在乎的事情支配，可能令我觉得恶心的东西并没有什么值得我厌恶之处，只是我单纯的一厢情愿地主观厌恶着它们罢了。从这种心态去想，仿佛也没有什么不可以接受的了。所以，“美”不“美”不重要，重要的是我能不能接受。所以，就连去思考它表达的内涵都已经没有那么重要了，关键在于我意识到这是一件艺术品这种普世的价值体系。所有的东西都可以是艺术品！所有的人都可以是艺术家！

所以，就算是再平常眼光无法接受的东西我也能够不排斥的包容，就算它所表达的是不表达，或者它就是想让你难受，挑战你的接受能力，它也有了作为一件艺术品的价值与文化。

可以说这一天算是一个彻底的对于我审视艺术的重新洗礼吧，能够从容来看这些东西便是一种最纯粹的解读了。不想去解构多么深刻的内涵，反而是一种主观更能够理解我所理解的东西。

于我来说最多的可能不是对于艺术品本身的感动，更多意义上也许是来自我自身的一种颠覆性的感动。两者不同在于出发点，不再因为某件艺术品的或喜或悲而感觉到艺术品本身的或喜或悲，而是因为某件艺术品的或喜或悲而感觉的自身的或喜或悲。源头已经截然不同了。我得意于这些艺术品的纯粹，他们让人们的心灵找到了共鸣，所有一切都不再简单。艺术，已经远远并非几句话所能诠释的了，我觉得自己也只是对艺术有了一个片面的初步认知，只是知道有这么一个存在，而他究竟是什么，我们谁也不能操之过急。

中国有很多成功的艺术动画，比起商业价值，这些艺术动画短片一般更具有浓厚的艺术色彩。但是，在动画发展到20世纪90年代至今，中国动画创作相对于世界动画发展出现缓慢趋势。在美日动画的冲击下，同时也由于缺乏市场化操作，动画的回收相对较慢，中国动画以往是纯国家投资，私人不愿投资，从而导致动画者的流失和中国动画业的发展缓慢。这时候的中国动画是遇到了一个瓶颈，商业动画做不起来，艺术动画再做也没有体制运行。

中国的国家体制是这样的，我们没有动画艺术家，只有做艺术动画的团队，一般来说一个艺术动画应该由个人独立完成，这些艺术动画是艺术家的作品，而不是一个机制或者体系的作品。当我们说到哪部作品的时候，我们想起的不是一个艺术家，而是某个美术片制片厂。

而且，建国后我们一直在做非商业性质的动画片，动画的制作是由国家拨款，统一制作，缺少商业运营的经验，这和举国之力振兴文化的背景有关，包括中国的体育机制，也很类似，当然这只是举个例子。所以，当美式和日式的成功运营的商业性质动画上市中国本土以后，可以说，我们中国的动画被狠狠地击了当头一棒。以至于在20世纪90年代到21世纪初，中国动画出现一个断代。

1999年，上海美术电影制片厂推出了动画片《宝莲灯》，得到2000万元的票房，当时也是刷新了票房纪录。但之后美影厂几乎是没有再出现过这么叫好又叫座的动画片了。

2005年，一只flash羊问世了！这只羊就是“喜羊羊”，虽然《喜羊羊与灰太狼》的制作很粗糙，但是它是一个成功的经营模式！这种动画的运营模式可以说是在中国前所未有的。从电视版到电影版，它成功赢得了小朋友的市场，成功赢得了广电总局的青睐，再到后期的相关配套产品的出现。可以说，这只flash羊救起了中国的动画市场。

其实早在1999年就出现了类似的动画，当时有一部动画叫《蓝猫淘气三千问》，也曾红极一时，但是不知道为什么做着做着就没着落了。可能由于当时的中国动画市场还不如现在这么火热吧。

但是，现在一些电视动画我真的不知道该怎么评价，类似于什么《高铁侠》、《金甲勇士》之流，完全的把国外的动画照搬过来，而且都是一些国外过时的动画的照搬，完全没有什么创新价值。既然广电屏蔽了一些国外的电视动画，那么国人就应该做出一些值得肯定的动画，这样照搬有什么意义？实在是令人匪夷所思，不仅质量达不到，而且连精髓也被牺牲了，与其这样，我觉得还不如直接引入国外的动画呢！

技术不如别人那就好好学，用心做，顶多是多费点功夫，可是连内容上都很可悲。可悲的价值观的建立，使中国动画低龄化。说句实话，要是我有儿子，我绝对不会让他看《喜羊羊与灰太狼》，首先一播就是一天，浪费时间浪费生命。其次内容十分低幼，我怕会降低我儿子的智商。我就不明白，为什么羊就一定是好的，狼就一定是坏的，生命本就是平等的吧？

说实话，做动画不是为了做动画，照抄国外成功的商业动画，以赚钱为目的的动画当然好不了。当然，这其中不免成功的动画，这也无可厚非。但是，既然是做动画，就应该抱着一颗强大的心态去做，要做就要做好，要不然干脆别做。幼儿动画就做的幼儿一点，青年动画就做的青年一点。非要做全年龄，我们没有美国大片动画的实力，那就从小做起。

接下来说一下我对中国动画前景的看法。

最早期接触动画的孩子，现在也都成了大人了，但是其中一部分仍旧是动画片的受众群。比如80后、90后虽然现在都大了，但也是动画片的支持者。所以，但从市场来看，中国动画的未来还是值得肯定的。

作为一个动画人来讲，无论是从事商业动画，还是忠于个人创作的独立艺术动画，我们都无可厚非，只要能用心去做，就是对得起自己的艺术追求，因为无论商业和艺术动画，归根结底都是艺术的一种形式。所以，我们应该去寻找人们心灵的共鸣，不是一味地追求形式追求成功，真正做一个对得起自己的艺术家。

# 于我眼中所见之艺术

2012级摄影学院 / 陈文青

现实生活中，很多诸如音乐、美术、电影等都会莫名被人们冠以“艺术”的名号。然而我认为“艺术”并不是艺术作品代名词。人们常说，生活中处处是艺术。这句话说对也对，说不对却也总能指出它的错误来。甚至有人被此误导，把一些行为怪癖当成艺术加以夸大，将艺术宽泛到生活琐事的层面上来，简直令人匪夷所思。

我觉得，艺术是一个抽象的，并没有具体所指的概念词语。艺术之于生活并不高到哪里去，但也不是寻常事物所能够达到的高度。我认为，有意义的，并且能给人以某种启迪和提升思想高度的行为或作品才能称之为艺术。因为一件艺术品，无论其形式内容如何，其实物只是一个承载艺术灵魂的容器。就像绘画，有些画可以画得非常精美，却不被世人认可为艺术，而有些画乍一看并不美，甚至如毕加索的《格尔尼卡》一般怪诞，可也总能被大众视为艺术品，其根源便是《格尔尼卡》有着一般肤浅的只求“形”不求“意”的绘画作品所没有的人文关怀以及反战思想的精神内核，并且这种内核具有全世界人类所共通的，能够普遍接受的文明内涵。

现在很多的所谓“艺术”却并不是这样，为艺术而艺术所创作出来的东西非但不能称之为艺术，反而是一些无意义甚至对人有害的精神糟粕。现今我们见到国内的很多跟风艺术便是如此。像是经常在中国美术馆见到的一些不明所以的金属混响、毫无意义的垃圾堆砌，以及胡乱拼凑的涂抹涂画，这些东西在文字解说和“艺术家”身份的巧妙掩饰下反倒形成了当前艺术界的潮流，没人能够只凭艺术作品理解其含义，所有创作者所要表达的信息只能通过作品下方的文字阐释来告诉观众。这样的东西我觉得连作为艺术品来展出的基本资格都不具备。一味为“怪”而怪去创作，其结果便是观众的不理解和“艺术家”们自我陶醉式的意淫罢了。

所以，艺术在我看来既平常，也不平常。一件优秀的艺术作品在创作之初应遵循自己所要表达的创作理念和精神内核，把这些作为一切的出发点衍生，在不影响艺术表达的基础上尽可能的不通过其他途径而是光凭艺术品本身便能够透过观众的所见传达自己所要表达的信息，这样不为“艺术”而艺术，而是为艺术而创作“艺术”，才能配得上艺术之名。

# 艺术作品中道德的呈现

2012级摄影学院 / 胡泊

通过“艺术概论”课的学习，我开始关注艺术作品中人性、道德方面问题的展现。我发现那些真正发人深思的影视作品之所以广受好评、经久不衰，原因就是它们向观众抛出了意味深长的饱含哲理性的问题。我想起了上个学期一次课上，老师讲过一部女权主义影片《末路狂花》，当时老师着重讲了影片最后的场景，女主角驾车冲出悬崖的那个镜头就像是挣脱束缚的野马。现在再拉一次片，我对这部影片有了更加深入的看法。

从道德角度看，《末路狂花》这部电影表现了男人对女性的压迫，女性处在一个无尊重可言的被忽视的地位，两位女主角终于压抑不住怒火，冲破束缚，开始与男人们对抗，以争取自由。

在电影中反映道德问题，需要给观众一个直接的认识，抛出一个问题让观众思考，什么是我们应该认可的，什么应该是被我们否定的。所以有一种方法就是将两种现象进行对比，本片就有很多地方形成了强烈的对比。

故事的开端是两位女主角Thelma和Louis相约去度假，影片在这个部分初步向我们介绍了两位女主角和Thelma的丈夫，塑造了人物性格和她们所处的环境。Thelma早上提醒丈夫起床，问候丈夫几句，结果遭到的是怒斥；Louise打来电话约Thelma出去玩，“我不知道我能否去”“我还要问达里尔是否能去”“他是你丈夫不是你父亲”“达里尔从不让我做开心的事”。通过她们的对话，我们可以知道Thelma的丈夫紧紧地束缚与控制着Thelma。而两个女主角，她们在收拾物品准备出发时，Louis很细致地打扫卫生，Thelma忙着收拾丰富的生活物品，由此可以看出她们都是非常热爱生活的人，这就使我们首先对这两位女性有了初步的认识——她们都是普普通通、热爱生活的善良女性，而男性对女人有一种不尊重的态度。影片用这样的对比直接地告诉观众什么是不好的。

枪击事件发生后，有一个画面很能触动人心：画面切到Thelma的家中，一台打开着的微波炉里面放着食物，前面还放着一瓶酒，并留有一张写满文字的字条。它触动我的原因是这个画面象征着温馨与爱，它直接与残酷的现实形成强烈的对比。男性的代表人物Thelma的丈夫深夜未归，他如此冷落Thelma，那样不尊重她，但Thelma却十分温馨地为丈夫准备了晚餐，男性与女性对待异性的态度对比鲜明。

对于Louise而言，她的男朋友在剧中很少出现，但他前后也形成了很明显的对比。一开始我们还认为Louise有一个很爱她的男朋友吉米，但没想到他出现在louise面前后竟对着louise大发脾气，甚至将订婚戒指交给Louise的时候也是面色愁苦，可以看出Louise在吉米的心中地位也不是很高的。

还有一组强烈的对比，就是警方开始进入达里尔家中开始调查时，询问达里尔与妻子的关系，这时达里尔的回答是："亲密，我猜是的，我的意思是和这样的疯子在一起我已算很亲密了。"再看一下当Thelma即将被逮捕的时候，达里尔听到了妻子的消息时的表现，这不得不说是达里尔的内心已经开始发生了变化。所以说对比在道德问题的表现上是很重要的一种手法。

影片把重点放在宣扬道德的主题上，同时要避开其他问题的困扰。像这部影片中主题是宣扬女性权利，而不是鼓励犯罪，所以就需要设置女主角的犯罪是因为迫不得已而为之，是对男人的还击，这样也同时能更有力地说明男人将女人逼向了绝路。

在Thelma遭到男人的侮辱时，Louise很冷静地制止并教育强暴Thelma的男子，可是那名男子非但没有任何愧疚之心，反而是恬不知耻地说："我该不顾一切地强奸她。"这也最终导致了Louise被激怒，一枪解决了他的性命。后来她们又多次遭到男人的挑衅和欺负，乔迪进入Thelma的房间后，轻易地将Thelma的订婚戒指摘了下来扔进了酒杯，这是对女性及其丈夫的极大侮辱，而乔迪竟毫不顾忌地"占有"了Thelma；虽然说Thelma把乔迪当成挚友看待，非常信任地将乔迪独自留在屋中，但没想到的是乔迪偷走了她们逃命的路费，这就直接导致了女主角去抢劫。后来还有一个人物遭到还击的就是他们在公路上碰到的货车司机，货车司机三次出现，三次都做着挑衅的动作，即使Louise在最后一次努力教育他，但他同样不知悔改地继续侮辱，所以女主角就给了司机"当头一棒"。

影片宣扬道德的同时还有一种作用就是呼吁弱者站起来反抗，这也同时是表现这种道德问题进入争议状态的方式。

Thelma真正开始反抗的标志是在她第二次给家中打电话，达里尔接到Thelma的电话之后骂骂咧咧，在这里处理得最好的是达里尔正在看比赛，比赛进入高潮时达里尔根本不管Thelma的诉苦，而是自顾自地看比赛，这就看出他只是在发泄对Thelma的控制欲，而并非真正关心Thelma。此时Thelma终于按耐不住心中怒火，郑重地说出“达里尔，去你的！”宣告她开始向男人反抗了。获得内心的解放与自由是激动人心、无比快乐的，这种快乐来源于对被压抑已久的人性的释放，是即将到来的恐惧不能掩盖的。只有表现出这种痛快才表明反抗是成功的、正确的，这种反抗是有必要的。所以在影片中也有多组画面来表现两个女主角所得到的解脱。

另外，反应道德问题就需要对这种现象做出相应的阐释，告诉人们怎样做才是对的。

《末路狂花》既然反映的是男人对女性的歧视、压迫，那么就需要一个人站出来做表率，来象征男人的转变，告诉人们什么样的态度才是正确的。所以，男警官就是这样的角色，他在尝试为女性争取她们应有的权利。第一次，男警官抓到偷了女主角逃命的钱的乔迪后，极力地让乔迪认识到自己给女主角带来的灾难并严肃要求他为女主角辩护；第二次，在Louise与男警官取得联系后，男警官说：“我要你们知道你们还没被控杀人，只是想找你们协助调查。”说明他努力地想找到解决问题的办法；第三次，男警官到了逮捕现场，看到那么多人拿着枪只为了对付两个女性，他是这样说的“Don’t let them shoot those girls. This is too much. They got guns point at them.”应该注意到他说的是girls，这个词立马就会让人产生对两位女主角的同情之心。即使到最后一刻，男警官也是在极力地为女主角辩解：“麦斯你得想想办法，想一想女人有多少次让人家欺凌。”当女主角选择冲出悬崖时，男警官也挥着手向他们追去，这是他对女性被摧毁的内心的呼唤。他的这一系列举动贯穿在追捕女主角的整个过程之中，时刻提醒着人们她们是女性，她们本身就遭到了迫害，所以不应该如此对待她们。

最后我还想谈一下影片的结尾：一群男人煞有介事的举枪瞄准两个女子，这种阵势让所有人都会感受到男性的压迫，但她们选择死亡不是迫不得已，而是源自女性的自尊。

综合上面的观点，我认为道德问题的电影应该用基本的展现手法反映问题的现状，同时在反映问题时主题要突出，剧作上避免其他因素的干扰，在基本层面上告诉人们什么是好的，什么是不好的。在更深的层面上就需要能让观众深入地思考这个问题，以追求道德上的完善。

# 不同时期的艺术观

2012级摄影学院 / 喻天澍

我现在还谈不上对艺术的深入理解，还没有那么了解艺术，所以只是谈谈个人的一些想法。

中国这几年各方面都迅猛发展。经济是肯定的，经济发展起来，人们的生活水平也渐渐提高，解决了温饱就要有精神方面的享受了，这促使了中国艺术的发展。我也不太了解高深的艺术，作为学生看的最多的就是电影，在这里就说说我自己的感受。

我本人是偏爱看一些侦探、枪战、动作之类的比较有视觉感的电影，我喜欢看帅哥型男展现男人力量的电影。所以我看电影会选择看欧美或者中国香港的动作片，不太看小清新的爱情片。我不排斥最近的爱情片，这样的电影直观明白，是普通大众喜欢的。在我心里这就是艺术的一种。

我学的专业是摄影，虽然技术并不高深，我就说说自己所知道的和我的艺术观。艺术，顾名思义就不是所有大众都能接受的喜欢的东西。当然，过于阳春白雪是没多少人能知道的，所以说艺术家都是孤独的，但孤独太久就会变味，还是要食点人间烟火的好。

我的艺术观就是，刚开始的时候你需要资金人脉等等来支持，所以那时的艺术就需要迎合大众的喜好，等到自己有实力去完成当初追求的艺术时就可以大胆地去做。所以我的艺术观是有不同时期的。当自己在开始积累的时候就接地气一些，艺术家有时需要一步步慢慢实现自己的理想。

当然很多人觉得艺术就应该不被世俗理解，就应该只有惺惺相惜的人才懂。可是，艺术只是表达自己内心的一种媒介，不应该把艺术神化。艺术当然不能落入俗套，但起码要有人能和你共鸣。

我的艺术观就是不麻木地追求曲高和寡的高度，能有观众喜欢欣赏，能体现价值就好。小众艺术，有好有坏，心理承受力稍差点就不行了。所以和观众同一水平岂不是更好。

# 我们已经开始了

2013级文学系 / 刘玉倩

“告诉我正寻找着我的：男女老少的名字，我，是他们的说书人，他们的代言人。他们需要我，甚于世间一切。我们已经开始了。”

这是电影《柏林的苍穹下》结尾处的一段台词，也是我最喜欢的一段电影台词。无论是曾经单纯的作为一个电影爱好者，还是现在有志于成为一个合格的电影工作者的我一定都会问自己这样一个问题——电影到底是什么呢？关于这个问题，已经有了无数答案，但在众说纷纭中，我依然需要真正触动我的东西，找到那个属于我自己的答案。在我看来，这段台词最好地定义了我心目中的电影，或者说电影工作者。

把这段话放在这里，既是对所有前辈电影人的致敬，又是我们的宣言。我，是他们的说书人，他们的代言人。他们需要我，甚于世间一切。我们已经开始了。

我想，电影或许应该是最清醒的梦境，既残酷又美好，既梦幻又黑暗。无论看起来多么超脱，每一部真正伟大的电影都是从现实的土壤里生长出来的。正因为如此，它从一开始就浸满了伤痛的泪水。而当我们在银幕上看到它们时，呈现出的又是另外一种姿态。有伤痛，但不仅仅是伤痛；有泪水，但也不仅仅是泪水。电影就像是为我们打开了一扇窗户，每当灯光暗下，银幕亮起，就像是打开了通往另一个世界的大门。在那里我们可以看到悲伤，看到美好，看到生活中可能有的一切。就像是把宽广的世界浓缩到了短短的90分钟里，可它绝对不是对现实生活简单的还原。所有的情绪郁积在一起，就像酒瓶中的酒，不断地发酵、升华，最终散发出了不一样的芬芳。我们在电影中看到的一切，无论是欢笑还是泪水，都让我们想要在最大程度上拥抱这个世界，体验它可能给我们带来的一切。电影中凝固的生命状态让我们在认清现实的同时又感受到了生命的美好和生命的激情。如果你在生活中的每一次体验都让你想走得更远，那你就真正体验到了生活想让你体验的东西。而电影正是这样一种体验。

也正因为这样，电影工作者才应该是人们的说书人和代言人。他应该能够倾听每一个人的心声，听他们诉说自己的梦想、忧伤，内心最深处的苦楚和渴望。他应该记录所有人的生命状态，让哪怕是最没有表达能力的人也有机会让世人看到他们的生命姿态。同时，他又要通过光影来为人们制造一个美丽的梦境。这个梦境并不意味着要完全的逃离现实中的苦难，相反，在记录现实反映现实的同时电影可以通过自身的美学实现对苦难的消解和救赎，让所有的生命都能展现出应有的尊严。

所以说，爱电影的人爱生活。而拍电影的人不仅仅要热爱生活，还要深入生活中的每一个角落，比任何人都了解生活，也比任何人都能发现生活中的美。就如同影片中的天使，千百年来都默默注视着这个世界，对这世界上的一切洞若观火；可又极度地渴望生活，渴望双脚落在大地上的感觉。正是这样的一种微妙的感情让电影如此精彩。我们曾经在电影为我们制造出的梦境中如痴如醉，现在怀着这样一种情感，我们正在努力成为一个造梦者。

我们已经开始了。

我们正在路上。

# 左手和右手

2013级文学系 / 鲁艺

坦白说，我迄今为止也不知道艺术究竟是什么，遑论听起来就很高端大气哲学气息浓郁的艺术观了，百度告诉我艺术观是“作家对文学创作和现实人生这两者关系的总体认识和总体态度”，虽然我不是作家也没搞过正儿八经的文学创作，但现实人生大概还是有的，所以姑且照着自己对艺术观的字面意思理解胡扯一二，博君一乐。

艺术这个大类包罗万象，我尚算熟悉的只有文学，其他简直是一窍不通，虽说在电影学院上学，我也依然是个电影的门外汉，所以就说说跟大部分像我一样的普通人距离最近的文学好了。直白一点，便是论读书。

我算是看书很早，对此兴趣浓厚，阅读范围极广泛，看书速度又快。所以单就阅读量而言，同龄人里恐怕没有人比得上我。

但在这样炫耀般自夸的开头后面，我能续接下去的并不是什么令人惊诧赞叹的广博深厚的阅读史，譬如我看过多少名著知道多少凝重遥远的历史故事……恰恰相反，若跟大多数爱好正统文学作品的人比起来，我是该羞愧的——至少我连四大名著都没看全。

我给我的阅读喜好分为两大类，一类是左手文学，也就是俗称的经典文学作品；另一类是右手……它们应该是称不上所谓文学的，我私下管它们叫三俗小说，大约可以代指当下流行的除经典文学作品之外的全部通俗小说，其中又以网络小说最有代表性。

要是在前者的范围里谈艺术观，那写得又漂亮又深刻的珠玉简直在前面堆成了山，我索性就另辟蹊径，说说从右手三俗里窥见的艺术观，不管别人是否也觉得那是艺术。

我开始极早的阅读履历和很是丰厚的阅读量，大部分都给了那些老师家长全不待见的网络小说，女性向的言情、男性向的玄幻以及下属的无数个分支我皆有涉猎，如有机会我可以兴致勃勃讲上几天几夜。

其实大部分网络小说真的没什么营养，好歹看过一些严肃文学的我很容易就能下这个定义，但是，即使没有营养我还是爱看，至于原因，我在看了近十年网络小说后终于也总结出了一点——我在书里看到了自己。

很多人其实羞于承认这一点，所以我就勇敢而厚脸皮地以自己为例。

男性向小说无非两种：平庸的人历经波折变成厉害的人，和厉害的人经历种种荣耀变成更厉害的人。这样直白而明显的核心，再披上光怪陆离的外衣，说到底，就是一种弱小者渴望变强大的普世心理，其余那些在现实中不可能实现的空想意淫，只不过是理想在现实面前骄傲而软弱的喘息。

女性向小说也无非两种：被厌恶的人历经苦难变成受人喜爱的人，和受人喜爱的人经历种种幸福变成更受人喜爱的人。相对男性心理，女性更注重情感方面的满足与高人一等，但本质是完全一样的，即是对得不到的事物的热烈渴求，在精神层面上给了自己太多太大的欲望，最终不过一种空虚荒芜的拥有。

打个比方，一直以来我都非常热爱一种被称作“仇文”的常见小说类型，简言之就是主角开始被误解，最后真相大白，坏人被惩治，主角完美结局。这种小说看起来实在是很爽，大快人心，表层原因是它在实际上遵从了很是大众的“善有善报，恶有恶报”的价值观，更深的原因，是因为我在生活中没有那么多那么痛快被澄清委屈的机会，几乎所有人都有这样的抱憾，人与人之间固有的隔阂和不通融注定了不是所有真相都能被看见，于是当我看见所有遗憾被纾解，自然有所慰藉，纵使它空洞虚假。

综上所述，我想，左手文学和右手三俗最根本的区别，就在于作者是否意识到了内心诉求的外化。

左手文学的作者知道自己的得与不得、缘由始末，然后有所保留或者添油加醋地表述出来，并能将此转化为适用大多数人的普遍真理。它是阶梯，帮助人觉醒和成长；而右手三俗的作者只知道自己想要很多东西，他们往往不懂得伪装掩饰，他想说什么就说，想拥有什么便肆意拥有。它是镜子，里面的世界其实虚妄，只能让人看着映射其中的自我，然后在某一刻忽然惊醒流泪。

有意识和无意识是略有不同的，有意则有掩盖，是一种或明显或隐晦的说教，无意则很简明，粗陋而纯真的情感宣泄，有意终究隔了一层，于是阳春白雪便曲高和寡，下里巴人便齐声而歌。

阳春白雪因为站得高远，相对下里巴人自然就生出了一种优越感，这很正常，必然也必须要有，可把大部分并未怀揣恶意的下里巴人妖魔化，并不是什么充满智慧的举动，我从不否认我在热爱严肃文学的同时还热爱狗血三俗，那是一种没有区别的热爱，文明人和野蛮人说到底还不都是人？

将左右手文学推而广之到人生，亦能成理：智者和凡人最根本的区别，就在于能否自主地从世俗仓促中认识最为复杂的自我，甚者进而认识万物。凡人只知道释放，智者却追溯释放的本源，当然，两者也各有等级高低，彼此能互相转化。

一激动就胡扯了很多，回头一看洋洋洒洒千来字实在跟端庄文雅的艺术观三字没什么关系，不过这大概就是我的艺术观吧，艺术的主角是人，观即为他人如何看。

我近视五百度，只能模糊地看到有的人是天生的左撇子，并且无论过程如何总算保留天赋至死；有的人是最普通的右撇子，永永远远的右撇子；还有的人是最后被迫或甘愿习惯于使用右手的左撇子；最后一种人，他们慢慢训练生涩的左手，即使不那么灵敏仍懂得为此高兴，并且，他们从未放弃使用最先学会的那只也许代表平庸的手，毕竟用右手去触摸位于左侧的心脏，才是自然如同呼吸的姿势。

这四类人走过的道路，留下的印记，呼出的叹息，千姿百态，都是艺术。

# 聊聊艺术观

2013级文学系 / 汪欣

暂时对艺术的理解还停留在比较狭隘的自我认识里，艺术观也显得暧昧。这一点好像解释了为什么我总写不出来一些能够符合大部分人期待的东西，现在我也没能找到让自己高兴的故事领域，总之一切还没个形儿。其实不敢承认现在还没有把大学给好好适应过来，对艺术这两个字的感觉，比高中那会儿好像差远了。

我当然也明白只写自我的情感与故事有多么可耻。我不是学画画的，不是学音乐的，和文字打交道就是一连串的摸爬滚打。有个老师对我们这样的菜鸟说：把自我给写废了才能写出好东西。当时一听觉得特别长知识，对呀，我们要写别人的故事啊，要在别人的故事里用笔流自己的泪啊。可是我写不出来。我胡编乱造各种意淫瞎想，并没有我想要的、我接受的故事。我能动笔去直接写出形容词的还是只能是自己的东西。也就是说文字作为一种工具我只能表达我自己的某些小情感小忧伤。后来我发现这些东西虽说是小，不重要，但是需要。当然也不能多，多了就泛滥成灾，恶心了。后来再一想其实我也根本没有想过要做一个多伟大的人，尤其是在写作方面，我不知道什么叫作伟大。我不喜欢把伟大这个词和人数众多牵扯在一块儿，为了人民的利益什么的。把个人感情给表达得伟大那才是厉害，毕竟人和人感情也是相通的。在表达自我的基础上层层叠加，历史性，人文性，科学，建筑学，全在里边。有你有我，如此美丽。

大学我得在北京电影学院待四年，文学系学生。以文学挂名的专业，可是平常与文学有关的课还真数不出来。我又不是个自觉的人，既物质，又纠结。于是在要文不文的世界里过得很苦。在我接受了北电将近两个学期的教育后，对电影这个东西还是有了比较重要的认识，其商业性工业性大摇大摆地朝我的理想式电影启蒙图碾压过来，有些惨不忍睹。为了活着，我不得不开始思考一些剧本的问题，电影学院的文学系听上去除了写剧本就啥都不靠谱。在故事为王的领地里，我忧虑得有些喘不过气。我在这儿本科四年学编剧，别人来电影学院报两个月的编剧进修班，这之间的差别是什么？在我还没有能力去表达清楚的时候，只能思考。我想来想去，我觉得答案是匠气这种东西的差别。四年有艺术的可能性，两个月是技术的打磨。于是我想去哪儿多找点情怀，来撑起我这贫瘠的逻辑，去积淀艺术的可能性。西土城路果然是土城，路漫漫其修远兮。

十八九岁的姑娘，关起门来学编剧是个多要命的事儿。我还不识几个男人，社会的灰尘都难引起我一个喷嚏，性教育依然落后，童心有点泯灭。多么糟糕的一个状态，我还没找到好的办法自渡，或者说还没有一个有力而适当的巴掌落在我脸上。没有经历，我拿什么写。我写自己那丁点儿可怜的恋爱与家庭，就别骂我了。我不想做一个只会在故事里撒谎的人，我也不爱那些阴谋一样的故事，阴沟里翻船，背地里放冷箭，天啊，妈妈朝我开了一枪。罗伯茨·麦基说拥有文学天赋的人不少，10个人里3个人都能在文字语言上开花，可是却罕有人拥有讲故事的天赋。好吧，我就是天使说的大多数。还在努力练习用前因后果去讲好一个直线故事，在能够把握住讲故事这条绳之前，情怀是野马，它脱缰呀，不容易，我又得去红尘里滚滚呀。话说回来，这种技术可先独立在一边，而艺术呢，暂时我只能就简单地约等于表达了，一个就是笼统的文字表达，它不绕，厉害的可以穿过空气直达本质，就像我身边一个朋友的某段文字：孤独是一百次向雪山敬酒，然后你好像有点懂了什么叫孤独。但这是非常自我化的单向度的定义。第二个就是以故事为载体的表达。这可就绕了。因为与技术有关，天性的东西少一点没关系，可我有好故事，哪怕没有我亲自端来的情怀，可我依然能翻手让你笑覆手让你哭。有些高智商看不懂简单的故事，这是个可逆反应。就是这么绕。你到底想说什么？问半天导演沉默后直接拿刀过来砍你。这两个的关系就有点像博尔赫斯的散文和东野圭吾的小说，也像诗歌与民间说书艺术的那种形式冲撞。

所以想要把话说清楚不容易，说得漂亮更难。人的魅力指数哪有那么容易增长？别以为学艺术的女生都漂亮，男生都个个梁朝伟似的。艺术难，技术更不易。可我还是想坚持表达，《送你一颗子弹》我现在还常常翻，坚持表达欲，保持思考，通过季节的变化注意到自己。想想其实这种积极的状态才是生活的质感，有质感才能好好谈艺术嘛。我身边有个穿着特别不讲究的朋友，是个男生，老是不及时洗衣服，最后逼得穿那件最丑的衣服连穿了7天。但他和我关系特别好，所以在我把这份嫌弃长久地藏在心里的某一天，终于骂了出来。这个人有着常人难以想象的经历，做事踏实，比较有想法，白羊座，永远在做事，帮自己做，帮别人忙。整天事儿堆事儿，忙成狗，到头来啥都记不住，生活去哪儿了，爸爸去哪儿了，一问三不知。说他是凡夫俗子不懂绫罗绸缎，可人家是个学艺术的，技术也了得，心思比姑娘细腻。我就受不了他不懂丝线不懂哈伦裤整天老穿那屎黄色外套，气死我了。快去剪剪头发洗洗衣服做做运动，试试为我把红豆熬成缠绵的伤口，再好好感受雪花绽放的气候。我以前老说一句话：立志做个暴发户，活着得像个艺术家。我这朋友只能完成前半句。别恨我，其实我也不懂哈伦裤，只是我也曾被人羞辱老跷二郎腿、抖腿，不会做饭，不吃水果。被批评“没有生活的人，还带着艺术的面具”。有时候想想还真是，世界不曾美好，艺术无从下手。

一个会生活的人肯定会热爱诗歌和散文。他们肯定也认真选择生活的每一个物件，因为这是质感的关键。越长大越孤单，这话不是每个人都能说的。敢说这话的人一定得可爱，因为活得纯粹。我能说得出来的活得纯粹的人有两个，一个没名，一个鼎鼎大名，只说有名的：崔健。他最近写的歌好多人都不爱听了，但这个人就是活得纯粹，经常半夜三更在北京各种小酒吧里听新人的摇滚。永远戴一顶质感强烈的灰色红军帽，说话中气十足，拿话筒四指有力地弯曲并且抬高手臂，就算他的歌再咋样我都爱他。这个人做自己喜欢做的，一把年纪了还坚持着和这个世界谈判。因为人活着可不能被尿憋死，他就是用各种形式表达，反正一定得讲清楚。崔健可爱多，做人做事儿就跟行为艺术似的，爱死了。一把老骨头了还是蓝色骨头。知道为什么吗？大家都不知道，然后他拍了《蓝色骨头》，因为“蓝色的天空给了我无限的理性，我是一个春天的花朵正好长在春天里”。天是蓝的，所以他骨头也是蓝的。北京国际电影节的注目未来影展上我最喜欢的两个电影是《蓝色骨头》和朴政勋的《新世界》。惊叹韩国电影此种类型炉火纯青时，突然觉得这两个电影没法在一起比。它们都有相同的电影概念，可是完全不一样。前者是为崔健鼓掌，为这个人鼓掌。他用电影这个世界第七艺术来丰满了他的音乐，决定做这个事儿的意义是包含在（这个人选择如何去表达）的意义之中。一个做音乐的人，在这么多年选择音乐来生活之后，动用了一个新的风暴来革命——电影。两种艺术都很牛。而《新世界》是在专业领域做到极致，严谨的剧作，风暴般的镜头，炉火纯青。为好电影鼓掌。《蓝色骨头》和《新世界》，两种艺术都很牛，足够纯粹的表达就是艺术。音乐绘画文学电影都是载体，我只需要讲清楚我想说的话。因为我对自己、对这个世界还有话要说。你觉得我活得宁宁静静的，其实我心底里还是保持着愤怒的。我唱，有时候气得我无法冷静毫无逻辑写不出来，那就说唱。我学乐器，我用力打鼓，老子明天不上班。

青春，十九岁。最近只能在故事里、文字里重建我愤愤的情欲。谈艺术，最近艺术暂时就只能这个样子了。说得恍惚，但总是热乎乎的。

摘木心几诗句结尾：

青春 （简直为我写的）

浓缩的嬉戏是你所热衷的
幼稚 傲慢 邪僻 沮丧 消沉 恐惧

有些苦事你总得去做
完美和谐的建筑学可能性在你四周盘桓
许多奇异的未尝见过的故事将是你的经验

畴昔的闲散 无谓的奢华
也可以成为你的贴身记忆
你的记忆一旦化出感觉便记起了造物的冲动

# 米诺陶斯之惑

## ——我的艺术观

2013级文学系 / 周梦洁

米诺陶斯是希腊神话中一个牛头人身的怪物，出生时就被父亲关在一个迷宫里。在西方它是残暴嗜血、被诅咒的邪恶生物，但是它的存在以及处境让我觉得心有怜惜，大概它的牛头人身不被认同以及迷宫这两个元素吧。米诺陶斯的困惑大概就是我自己本身的困惑：一是我心中的残暴面以及自己认识到自己的恶，这属于存在范畴。二是迷宫，身处的环境如迷宫般让我费解。这种对自身的困惑以及环境的困惑不仅困扰着我，大概也困扰着所有人吧。

还记得在武大刚入学时候，历史学院的聂老师曾举起一只手打破了我们固有的观念，最后让我们明白历史本身并非概念。同样，当我们说现实的时候，我们所认识的和描述的才是现实生活本身的模样，所以对于现实本身我不想去定义，只有尽可能去描述不做一些道德评判吧，也许这样显得唯心但是我所认识的世界不就是内心所持的世界吗？所以我目前创作的世界大概就是湖北中部某三线城市的城乡结合部。我相信这个世界是多元化的，当我去创作的时候也希望从多角度来描述城乡结合部的人和事。

“不是你说语言，而是语言说你”——语言学课上的知识都忘记得差不多，只有这句话清晰地存在脑海里。同样美学课上彭福春老师所讲知识也忘得一干二净，但是“所谓美学就是技、欲、道的游戏”依然时刻记得。内容与形式关系不想再做讨论，以我一个学理工科出身的学生来说，总是偏爱杨德昌这样的创作者，冷静克制与分析，从人物看到社会，这也可以解释我之所以会偏爱《一一》《薄荷糖》这样的电影吧，大概本身我自己也如同主人公一样茫然与困惑。

现实是很荒诞的，要命的是我慢慢地相信荒诞的宿命。曾经故意去违背母亲的心愿，她希望我读文，我偏偏读理，她希望我读武大，我偏偏去报广院。她希望我能成为作家或者学者，我偏偏选择计算机专业，我总是在反抗她安排的道路，然而被广院开除后绕来绕去，还是如了母亲的愿从武大毕业；现在越来越接近母亲当年对我的设定了，这些仿佛命中注定。这种宿命也让我困惑。

存在，宿命与困惑一直纠缠着我，剧作课上自己写的故事看来看去都绕不开这几个东西。带着这些东西去创作而又希望把这些东西藏在故事深处不为人知，人就是这么矛盾与复杂吧。

# 观察生活，塑造真实可信的角色

2013级表演学院 / 王一鸣

我是表演学院大二的一名学生，我对艺术观的理解主要是如何演绎好一个角色，如何演绎出一个真实的、有血有肉、有性格特点的人物，创作出能够对作品产生推进作用的人物。

作为演员，我们首先要明白什么是表演艺术，表演艺术创作的任务究竟是什么？表演艺术就是要在艺术虚构的条件下再现人的行为，由演员扮演角色，创造人物形象。这是表演艺术的根本。

目前，我的主要任务是如何塑造出给观众以真实感的角色，因为狄德罗曾经说过：任何东西都敌不过真实。也就是说真实是表演艺术的基础，因为演员演绎出真实可信的人物，观众才会承认你演得像，演得好，离开了真实，就根本谈不上演绎经典了。

但是，真实谈何容易，要做到真实首先作者要提供一个真实可信的剧本，同时，演员在进行第二次创作时也要重视对人物形象内涵的深度挖掘。这就需要演员重视平时对生活的观察，对人物的观察，做到手中有粮，心里不慌。这样才能拓宽自己的戏路，演绎出更多真实细腻的人物。

我平时就特别喜欢观察生活，观察人物，尤其是市井小人物，这些小人物都有自己独一无二的生活经历，自己的生活。演绎好了小人物演绎起大人物也就得心应手了。没有谁生下来就是大人物，大人物也是经历了小人物，从小人物通过自己的努力来改变自己，变成大人物的。大人物身上有小人物的影子。当那些大人物还是小人物的时候，他们所形成的习惯，行为方式几乎会跟随这些人物的一生，并且通过这些小动作也可以使人物丰满起来，用这些小动作小习惯让观众接受这一人物的真实可信就是令人信服的。

比如蓟门里小区有一对修车配钥匙的夫妻，是非常有特点的两个人。这对来自安徽的夫妻起早贪黑，早出晚归，他们用自己的辛勤汗水换取一大家人的一切支出费用。他们的两个孩子一个读初中一个读高中，虽然调皮，但成绩还算可喜。家里的老人身体不好，不能照顾自己，男人的弟弟一直在老家照顾。我对他们观察了三天，在上学期交了一个期末作业，名字就叫作《车摊》，大家对小人物的喜怒哀乐有着非常强的好奇心，这个作品也吸引了大家的注意力。事实证明，通过对小人物的观察来了解社会，理解人心是非常可行的，也是非常实用的。

总之，观察生活，塑造真实可信的角色，是我对表演艺术的初步认识。

# 我眼中的表演艺术

2013级表演学院 / 王一菲

艺术是一种美的创造，在我们的生活中无处不在，而它的表达形式更是数不胜数。

作为一名北京电影学院表演学院的学生，我认为表演就是一门生命学，更是一门人性学，“优秀的作品它所传达出来的东西永远是和‘人性’两字分不开的，它关注的不仅是人的精神层面与灵魂层面，还是一次绝佳的与观众内心交流的情感盛筵”。这是老师点评作业时最常提及的话，而在学校一年多的表演学习中，我了解到表演艺术就是在舞台或者银幕上塑造出各种完整鲜明、活生生的、具有独特性格魅力的人物形象。让我印象深刻的是在这学期即将要汇报的表演作品《榆树下的欲望》中我要塑造的“爱碧”这个角色，从一次次作业中所得到的感悟，帮助我在接下来学习中更好地塑造人物。在表演艺术中，如何更好地在剧本基础上二度创作出独具魅力的人物形象，这得要求我们不仅要通过生动的表演表现出剧作本要传达出来的内容及中心思想，同时还得进行独特的，更具个性特色的再创作。

艺术本身就是一种情感与情感的交流，表演必须体验角色的情感，艺术也是靠感觉传达与完成的，心里若是没有戏，行动上就没有戏，那么情感分寸的掌握也就变得不准确了，“‘活’在舞台上，而不是‘演’在舞台上”。想要从人物的角度去表达情感，而不是只从演员表演的角度去做戏，我认为这是表演学习中我们都不得不沉下心，去慢慢琢磨思索的问题。就像我们深知，美好的都是能打动人的，而能打动人的往往更多是真实的美好。

在创作中，我们先要学会从自我出发，充分观察自身去发现“真正”的自己，寻找出自身与角色相近的东西以及相似的情感经历，并加以扩大，再通过自己的身心、情感，去塑造一个个活生生的完美形象。如同我在《榆树下的欲望》中扮演爱碧，这是一部奥尼尔笔下的经典悲剧，讲述的是一个农场主的年轻妻子，为了夺取他的农场财产，勾引了他的小儿子，并与其产下了不伦之子。最后妻子却发现自己爱上了农场主的儿子。为了证明自己的爱，她亲手杀子。看完整个剧本，我对这个人物产生了很多共鸣与理解，即使我没经历过她所经历的一切，但我总觉得这个角色的内心戏很足，她那种积压在心底的复杂情绪以及所需要的爆发力就像随时可能被一点就着般的强烈，所以我开始慢慢寻找爱碧内心深处更具灵魂的一面，在某一刻我甚至觉得自己跟爱碧似曾相识，很多感受都不需要去刻意回避。于是在第一次作业演出中，我努力让自己真正去投入去感受，并在感受中思考酝酿爱碧这个角色所需要的真实情绪。然而表演结束后，老师对我所塑造的角色表示赞同的同时，也给我指出了一些更需要注意的问题，就是我有点过于放纵情感了，导致有一段台词根本听不清楚。老师说在表演艺术中，演员的情感是应该参与表演的创作之中去的；但是另一方面，这种情感应该是有节制的，是受演员约束的，于是我开始明白，全凭灵感的自然主义的情感发泄在表演中不一定是适用的，所谓的这种有节制的、需要去受约束的情感，反而是我们应该去好好修炼的一种艺术修养。

通过对表演艺术的学习，我越发认为艺术是融会贯通的，它离不开生活，更离不开我们平时对生活的积累，对人生的认识深度。在找寻和强化自我的过程里，我想我所需要补充的能量还有很多，我相信表演艺术这条道路的学习将是永无止境的。

# 电影人的理想
## ——我的艺术观

2013级表演学院 / 王月明

作为一名北京电影学院表演系的学生，从进入学校的那天起就跨入了电影这个有魅力的行业，我们是电影产业的新生力量。电影是一个充满着艺术创作与灵感的产物，做电影的人都会带有很浓重的个人情怀去表现和制作属于自己的电影，所以电影是个人的也是国家的，更可以说是世界的，我们新一代电影人的理想就是拍摄出能反映中华民族精神又与个人价值观相协调，具有中国特色但又能引领世界电影浪潮的作品。

我们的理想建立在自己所学的知识和所掌握的技术，最重要是建立在我们独特的思想上，只有坚持做自己，想自己不敢想的，做自己不敢做的，才会不断突破。

我起初只是被表演所吸引，特别羡慕演员可以每次都扮演不一样的角色，可以展现出不同的人物性格，可以体验多种多样的人生。直到我看到《奔腾年代》这部电影，是一个曾经是患抑郁症的朋友推荐给我的，他说："我一直想不通自己活着的意义是什么，我什么都做不好，大学也考了很多次都没考上，人生根本没有目标。"他把自己关在房间里，每一天都只是练琴和健身，他喜欢看电影，喜欢音乐，这可以缓解和改变他的状态。这部片子是由美国的一个真实事件改编，一个残疾的骑手骑着一匹瘸脚的马最终赢得比赛的故事，它的成功之处并不在于它多么感人，而是在整部影片中它传达出了人生会遇到很多困难，我们是如何借助外力，通过伴侣、贵人、合作伙伴，彼此相互信任相互扶持。这种积极向上的心态鼓舞了我的朋友，他也因此改变了抱怨的习惯，成功走出忧郁症的困扰。这是电影的魅力，一部电影对一个人的影响是最直观和最大的，画面所带来的冲击力甚至于音乐也无法比拟。我们可以通过音乐、舞蹈、绘画等很多种方式展现出每个人理解的不同的艺术，充实电影画面与所表达的精神内涵。电影没有局限性，想象力的开关一旦被打开就喷薄而出，无穷无尽。

艺术具有独特性，但我们不可以借由艺术创作的旗号去做一些违背常理的事情。有出格的艺术但不可以有道德败坏的艺术家，一旦一个人连最基本的人都做不好，是没有资格创造艺术，更没有资格以艺术家或者艺术创作者的身份标榜自己。电影更是艺术的一种最直观的表现形式，而作为新生和初出茅庐的电影人应该汲取前辈们的经验教训，取得更好更全面的艺术成就。

作为一名艺术表演者，舞台和镜头是我们向观众表达我们对艺术的理解与创作的平台，在大荧幕上，观众可以通过我们对不同人物的诠释，身临其境地体验到不同身份的人生，了解到别人与自己所不相同的生活经历，所以在荧幕前的表演就需要贴近生活，尽可能地自然化，让观众信服。但更重要的是，演员自身要相信自己，所塑造的不只是一个艺术人物，更是一个活生生存在的，或就是生活在我们周围的人。而舞台艺术则不尽相同，舞台上的表演来自生活更高于生活，从生活中提取有趣的素材，进行艺术的加工与塑造，适当的夸张和放大肢体动作或人物的性格特点，使演员塑造出的艺术人物形象很鲜明，很独特，不隐于大众之中，而是独特不平凡的人物形象。

在中国，那么多的年轻人想介入电影完成他们的梦想。虽然初衷各有不同，不可否认的是，这些年轻的电影人，他们有的成为了市场的接班人，有的继续坚持“孤独”的个人表达，有的则渐行渐远。同样不可否认的是，电影工业化的完善不可能缺少他们，他们丰富的想象力为主流电影带来不可或缺的刺激，并填充其单一的一面。我的电影梦想就是，可以塑造出真实且能够给人们带来积极影响甚至改变他人命运的角色，这样有血有肉的电影才能够真正帮助和丰富我们的精神世界。

我们更需要坚持我们新一代电影人自己的理想与信念，让中国电影在我们之中有机会更多地站到国际的舞台上，得到全世界的认可，得到全世界的瞩目与尊敬，让中国更多的电影人可以拍出属于自己的电影！

# 我的表演艺术观

2013级表演学院 / 吕晨

在我看来，艺术观就是指每个人对艺术的看法，每个人对艺术观的看法不同也就产生了不同的艺术创作，我认为艺术观是艺术创作的源泉。

对于我们学表演的同学来说，现在我们的艺术观就是创作与学习，在符合实际情况下创作生动有意思的小品，在演出片段的时候，要尊重原著对于人物的描写，结合剧本分析人物，从而来把握人物的性格特点、外貌特点、心理特点，才能充分表现人物使观众接受。斯坦尼斯拉夫斯基是俄国著名的表演理论家，他认为体验是一个演员必有的，也就是说想要演好人物必须要体验生活。

我现在对于艺术的了解可能还不够透彻，所以对于艺术观也是一知半解。我认为不同的艺术观也让不同的人爱好不同的艺术，绘画、歌唱、乐器、表演、京剧等都是艺术，但不能要求所有人都喜欢绘画，都喜欢唱歌，都喜欢表演，这和我们的成长环境有很大的关系。地域也会影响艺术观，我出生在新疆，所以从小对于唱歌和跳舞有很大的兴趣，我的母亲也是从事艺术工作的，但是我和我妈妈的艺术观就不一样。

我现在认为我的艺术观就是创作，在原著的基础上创作人物、创作小品，改编小说、改编电视剧、改编电影，把它变成舞台剧。

我认为态度也是艺术观，对于艺术的态度不同，喜欢和不喜欢就是态度，态度明确了，艺术观也就明确了。

艺术造就了艺术观，艺术观成就了艺术，不同的人有不同的艺术观，也就出现了不同的艺术表现形式，然而如何确定自己的艺术观，就要看你对于精神生活的看法和对艺术的看法了。

# 艺术人生路

2013级表演学院 / 吕鹏

对于艺术，每个人都有不同的看法，就像一句话说的一样：“一千个读者就有一千个哈姆雷特”。也就是说艺术的表现手法是不一样的，艺术也是千姿百态的。而我个人而言，艺术是生活中不可缺少的一部分，当然，艺术是在生活中诞生的，而艺术源于生活，却是高于生活。在我看来，艺术之于每个人都是不一样的。在相爱的人心里，爱人的一个微笑就是艺术；在摄影者的眼中，雨后的黄山美景是一场瑰丽的艺术；对于叛逆的我们来说，个性就是一种艺术；而在老人看来，全家和谐快乐就是一种艺术。而我则固执而坚定地认为：既然艺术是自由的，那么对于艺术的定义也应该是自由的：没有特定的界限，没有一定的规则，不必举世闻名，不需太多人的认同，不必拥有太多伟大的哲理。不是非要大师级作品才算艺术，不是非要得到专家的认可才算艺术，只要可以引起我的共鸣，让我有感触，有体会，有成长，或者可以实现其某一方面的价值的就是艺术。

在这学期的片段作业汇报中，我选择了奥尼尔《榆树下的欲望》的其中一段，我饰演伊本一角。为了能演好，我反复地观看视频，深入地研究伊本这个角色。每当我安静下来去深入这个角色，内心都会涌出一种悸动，似乎能让我与角色联系在一起。当我第一次演出的时候，内心的情绪变得异常激动，让我能更深入地去体会这个角色，可以把人物塑造得更完美。我能体会到角色从一开始的冷漠无情到激动兴奋，再从兴奋的最高点跌到伤心悲痛的谷底而变得疯狂。人生中的大起大落，悲惨的丧子之痛，都让我在演完这个角色之后得到了人生的启发。

再比如小时候最喜欢的就是在一些报纸杂志上剪辑一些自己喜欢的图片还有文字，我认为这个也是艺术的一种表现，起码是我小时候的源于内心的一种对艺术的直觉。而到了初中时代，那时候觉得会一段华丽的舞蹈就可以像个艺术家一样，所以自己就兴致盎然地学起了舞蹈，虽然中途放弃了，但现在想想那时也是忠于自己内心的选择艺术的一种方式吧。

随着年龄的增长，发现自己对于艺术的看法也悄悄改变着。小时候认为在墙上贴满花花绿绿的图案就是一种美，就是墙壁的艺术，可是现在却只喜欢挂一幅日出图，不用太多的颜色，只要简简单单、安安静静的感觉。从前喜欢有华丽辞藻的散文，极其讨厌那些所谓的名家作品，可是现在的自己，慢慢地开始学会了翻阅国内外知名作家的作品，然后在其中品尝所体现出的某些味道，某些哲理，某些为人处世的艺术。

所以艺术是源于生活，又归于生活。这是老师常常教导我们的一句话，也是我艺术人生路上的一块指路石。

# 我心中最初的表演艺术观

2013级表演学院 / 朱哲健

从表演角度上进行创作需要以下必不可少的切入点：首先，从生活的角度。生活中会出现很多有意思的事情和人，在表演中我们需要在生活中寻找最简单、最纯朴的元素来帮助你在表演创作时给角色进行最初的角色设计；其次，从自身角度。每个人都会经历不同的生活，会遇到不同的人，会经历不同的事，也会去过不同的城市，所以每个人所经历的都是表演创作的财富，对角色的把握不单单要从生活出发，更需要自身对这角色的理解和对这角色的感悟，从角色中理解到什么感悟到什么，从而可以更好地进行角色的创作。而且我们可以把自己经历过的体会融入到角色创作中，这样就能使这一角色更加的形象生动；最后，从角色的背景角度出发，需要知道这个人物在什么时期出现，他的出身是怎么样的，他的文化程度如何，他周围的朋友是怎么样的，他的家庭条件如何等，这些元素是进行角色创作时必不可少的东西，我们需要了解关于他的一切背景，需要了解他对人对事物的态度，这样进行创作时人物就会更加有深度和内涵。

我曾饰演过《原野》中的大星一角。可怜可悲的焦大星，夹在妻子跟母亲之间、仇家跟焦家之间。他活在情感的“夹缝”里，直不起腰来。焦大星为留下妻子，竟然忍受、容许妻子红杏出墙。焦大星这种为了“生存”而“缓和”矛盾，屈辱地去迎合他人，表现出极端的“懦弱”，但社会不需要这种懦弱的人，所以焦大星必然成为“替死鬼”。我在演焦大星时内心更多的是充满愤怒，但是一直压抑着，不敢喷发出来。焦大星是典型的“懦弱型”男子，很胆小，生长在封建家长专制下的家庭环境里，长期受封建伦理道德思想束缚，导致缺少阳刚雄健的气质，没有任何男人的血性。既无雄心又无能力，表现出的是畏惧、失意、落魄、屈服、萎靡不振的缺乏精神上独立人格的性格特征。这些都是焦大星的性格特点，他的这些特性让我感悟到生活中男人就应该有男人的样子。

说到从表演的角度上进行创作那就肯定要谈些斯氏表演体系。斯坦尼斯拉夫斯基表演体系的形成与发展，也是有个过程的。我们最早接触到的关于“内心体验”“从自我出发”“当众孤独”“有魔力的假使”等论说，都很有利于从表演角度来进行创作。斯坦尼斯拉夫斯基表演体系是一门关于表演艺术的科学，有着自己的完整性、系统性和跨越时间空间的广泛适用性。我觉得我们应该把它看作一个有传承又有发展的、开放的而且仍在演进中的科学体系。现实中我们时常会走两个极端——不是把它封为一个巅峰性的、不可超越的表演艺术神话，就是认为它已经陈旧过时、没有意义了，我认为这两种说法都不客观。因为老一辈的表演财富肯定是有它自身的独到之处，我认为斯坦尼斯拉夫斯基表演体系对表演创作本身和对演员本身是一种提高和领悟的开始。

表演创作从空间和时间上可以分为两种，一是舞台的表演；二是镜头前的表演。这两种在进行创作时会有许多的不同，主要不同就是艺术属性和艺术特点不同，所以我们进行创作时需要从各个属性和特点出发进行表演的艺术创作。

我现在还在最初的表演学习阶段，要走的路还很长，要学的知识还有很多，在我的艺术创作观中还需要很多尝试与探索。

# 我的艺术创作观

2013级表演学院 / 杜孟云

光阴似箭，日月如梭。在大学的学习时光眨眼就到了第二年，当我又一次打开电脑，写起我的艺术创作观时，相比较于去年，又有了一些新的感悟。接下来我就想详细地说说我的新感悟。

我认为生活是艺术创作的最基础的来源，它可能是一个长期的过程。我们把长期对于生活的感受、观察和思考，形成艺术创作的基础和前提，才可以产生萌发不可遏制的，仅属于我们自己的创作想法。这需要我们仔细地观察生活的每一件事情，深切地感受生活给我们带来的感觉，认认真真地从中思考生活；同时，我们也得用自己的全部身心去拥抱生活，需要我们饱含情感地切身体验。从生活中收获的经验不仅为表演艺术创作奠定了雄厚坚实的基础，而且常常成为一种重要的创作动机。在观察生活、思考生活、体验生活的过程中，必然有大量的所见。它们在脑海里积贮得越来越多，创作激情就会喷涌而出，随之就能创作出好的作业与剧作表演。

就我现在个人所接触到的表演艺术与其他艺术创作而言，我认为想象具有特别重要的地位和作用。除了想象以外，情感也是一个十分重要的因素，贯穿于艺术创作的始终。如果说想象是艺术构思的核心，那么情感就是艺术构思的动力。创作有很多内在与外在的因素，但它们都是在情感的渗透影响下发挥作用的，只有在情感的浇灌下，才能形成具有审美性的作品，完成艺术创造。

在我们平时完成表演作业的过程里，往往要很多人在一起互相帮助，从而会产生许多特别棒的想法，然后大家互相配合，在创作过程里不断给别人提出自己的想法，从而一起完善表演创作。所以，在创作过程里，有一个好的团队好的合作伙伴为你画龙点睛、锦上添花，那是再好不过的了。自己也要本着谦虚的状态，虚心接受别人为自己提出的意见，使得表演艺术创作更加得心应手，更加优秀。

我们创作出来的艺术作品，在展现的时候，一定要我们自己投入百分之百的情感，才能使观众也能有感触，必须把我们想表达的想法，通过表演，清晰地传递到观众眼中，使大家明白我们所想表达的一切。

通过我们的艺术作品传递表达的，一定是一些纯粹真实的东西。传达真善美，为当今社会增加正能量！

# 我对艺术的理解

2013级表演学院 / 李丹

艺术的终极价值远远超越了艺术家个人及其所处的时代与环境。艺术价值在于表现了一种艺术家只有依靠直觉力量才能把握住的理想的均衡或和谐。真正的艺术家对于强加给他的材料与条件将会报以冷漠的态度。他只接受那些可用来表现其形式意志的条件。尽管如此，艺术家仍然坚信自己作品中的艺术价值在于表现了永恒的人性。

——《艺术的真谛》赫伯特·里德

作为表演系的一名学生，我对表演艺术的理论并没有很大的钻研。在大一的时候，我浏览过斯坦尼斯拉夫斯基的《演员自我修养》，并不认为对我的表演有很大的帮助。我始终认为表演是实践的艺术，当你真正的去体验之后，再回过头来看这些理论知识，那就深有体会了。书中的理论只是归总，所有的过程还是需要自己去实践和积累。平常除了去图书馆，学校的各种选修课对我也很有帮助。视听语言、类型电影、港台电影史、音乐作品赏析……这些看上去与表演并没有太直接关系的课程对我来说同样重要。因为我认为作为演员，一定要有文化！特别是在电影这个领域，需要学的东西太多太多了。只有丰富了自己，才能驾驭各种角色。

谈到艺术我还有很多想说的，比如在文学方面，我最想谈的是两个风格截然不同的作家。一个是米兰·昆德拉，另一个是帕翠莎·洛克伍德。我也不知道为什么米兰·昆德拉的书会吸引我，我承认第一次是书名和书皮包装让我对它产生了好感，但一旦翻开，就停不下来。很多人说他的作品很难看下去，既费脑又催眠。在我看《不能承受的生命之轻》的时候确实深有同感，看得我云里雾里的，或许我的阅历还不足以理解他所说的一些哲理。不过也让我养成了一个习惯，就是看完之后再浏览一遍，两遍的感受是完全不同的。之后看《玩笑》就好多了，但他的作品总让人看得越来越绝望，开始否认一些东西，现实里一直让我们推崇的东西，会让人否认传统价值观。但帕翠莎·洛克伍德在风格上就与米兰·昆德拉截然相反，作为美国90后诗坛新星的她，在作品中展示了性感露骨又荒诞无稽的幽默。我是在互联网上发现她的作品，也是最近才迷恋上的，她的诗不失真理又赋有美感，将流行文化提升了很大的高度。“我是一件有生命的男式高领毛衣。你是一位冬天里的艺术老师。你把你整个头钻进了我的身体。”这是我最爱的一段，也许都是90后，理想的精神世界相对相通。这两位作家对我来说一个是身经百战，另一个则是无限畅想，在他们的作品中展现了不同的文学艺术，也让我看到了不同的自己。

其次我想谈的是有关美学这方面的问题。我记得很清楚，在我们刚进入校园的第一节表演课上，大家对表演还是一个懵懂的状态，就更别谈什么艺术了。在做完几个练习以后，表演系的老教授摇着头说：“这个班的学生美学观有问题。”当时就让我对美学充满了好奇，接着就产生了极大的兴趣。在我看来美学是一种辩证关系，更是一种直觉科学，两者之间似乎存在一种因果关系，既有关联，又有区别。美学观之所以重要，是因为它会影响你对艺术的衡量和判断，它会在你的艺术作品中展现出来。难道美就一定是艺术，丑就是对艺术的否定？事实上，艺术并不一定等于美，无论从哪个角度来看待这个问题，我们会发现艺术无论在过去还是现在，常常是一件不美的东西。在众多著名的艺术品中列入“丑”范围的作品不计其数，或许是每个人对美丑的定义不同，在我看来“丑”是另一种美。

而如今把美学这两个字扣在我们90后身上，果然擦出了新的火花。不管是时代在变还是代沟太深，我们缺少着上几代人的纯粹，但我们也在原有的基础上不断创新。我们的身上散发着当今社会的气息，不论是好是坏，它终究是客观存在并且不能改变的，我们对美学有着新的认识，我们的人生观、价值观和世界观也在改变。然而作为一名演员，美学观一定要正，虽然对美学可以有着不同的理解，但绝不能展现出扭曲的艺术形态。

正如我们刚刚结束大二学年的片段汇报演出一样，我们班选择的都是一些经典戏剧片段。例如曹禺的《原野》，我饰演花金子。她是一个独具魅力的旧中国20年代的小媳妇，她有着倔强、热烈、敢爱敢恨的烈火般的性格。她是一个独立的女性，她虽然处在一个强大的封建势力和黑暗社会的沉重压迫下，却仍然保持着一种落拓不羁的美好人性，执着地追求着真正的爱情和自由幸福。虽然我离那个年代很远，但在她身上看到了属于那个年代的美，以及她在那个年代绽放的美。所以这个角色深深地吸引着我，激起了我很大的创作欲望，让我有了非演不可的冲动。但想要把戏演好不容易，想演到极致更难。特别是在没有任何实践和体验的情况下，我只能依靠书和互联网来查阅资料，加上自己的分析，才能真正地认识与感觉到剧本内在的、深藏在文字之下的精神实质。对于艺术也是一样，想靠自己去领悟吧，又没到那个境界，只能借助外界来填充。虽然如此，但我始终认为美学除了在作品中体现，更应该在生活中提升。在不超出常理的情况下加上自己的创新，即富有自己的色彩又不失个性。

艺术没有边际，我会让自己更加深入，目前我的理解只能到这个层面，看上去像一团乱糟糟的艺术杂谈，但这就是我的艺术观。

# 艺术就像心中开出的一朵花
## ——我的艺术观

2013级表演学院 / 李俊瑶

作为北京电影学院表演学院的一名学生，我眼中的艺术，即是表演。

刚接触表演这门艺术时，并不了解这两个字的背后意味着什么。记得大一刚接触表演课的时候，不知道自己该做什么。对于老师布置的作业更是没有头绪，常常是憋坐半天也想不出半个好的点子来。那时候觉得表演艺术对于我而言简直是枯燥无味更谈不上半分乐趣可言了。

可进入了大二的片段阶段之后，从选剧本，研究人物性格，再到和同学们共同排练创造角色，直到最后交作业时听到老师对我们的认可，就这样在不知道方向的情况下一点一点摸索着往前走的过程中，我终于体会到了表演艺术本身的乐趣和魅力所在。

表演艺术对我而言，就是一瞬间的灵感。就是一瞬间，当你愿意为了角色而忘记自己本身的存在的时候，它就会像一朵含苞欲放的小花一样，一瞬间在心中绽放。

最明显的就是这学期，我们选了一个剧本，叫作《灵魂拒葬》。这是一个战争背景下的悲剧。故事的大概就是将军为了利益让六名无辜的士兵牺牲掉了，那六个枉死的士兵不甘心就这样不明不白地被埋葬。于是他们拒绝被埋葬，将军就找来这些士兵的女人，让她们来劝他们被埋葬掉。我在其中饰演的是约翰的妻子，我和约翰拥有一个孩子。可是将军为了让我劝约翰被埋葬，强行把我们的孩子给抢走了。于是走投无路的我只好用尽各种办法劝我的丈夫被埋葬掉。

她是一个30岁左右的女子，而我只有19岁。可当我跪在地上哭喊着告诉约翰“将军把孩子带走了，他说如果你不愿被埋葬，我就再也见不到我们的孩子了”的时候，我只记得我浑身都在颤抖，眼泪一个劲往下掉。我觉得心很痛，觉得就在那一瞬间，我忘记了自己的年龄，我，就是那个失了孩子的无助女子。

我在爆发的那一刻感受到了一股强大的力量。这股力量不在于外在，却源于内心。是在心里突然开出的一朵花，让人喜不自胜。

在我看来表演艺术，就是对人物角色的充分理解和诠释。在表演的过程中，不能有什么所谓的偶像包袱。若是因为有偶像包袱的羁绊，就只能说明爱自己胜过了爱角色，这也就意味着还不是一个合格的、专业的演员。

艺术就像心中开出的一朵花。这朵花，需要时间的磨合和辛勤的汗水来呵护她成长。

# 学演戏先学做人

2013级表演学院 / 李雪歌

学演戏先学做人，这是老师说得最多的一句话，也是我的原则。

有人说艺术起源于生活，有人说艺术起源于游戏，还有人说艺术起源于艺术，可我认为艺术就是生活，但是比生活的起点高，但若不融于生活就会失真。现在上课，老师总说首先要还原生活，再进行二度创作，生活很平淡却又无常。我该做的就是让观众看到我而引发对自己生活的共鸣。电影表演与话剧表演不同，话剧把剧本放到舞台上都夸张了。

艺术最基本的是文化，没有文化基础、不热爱自己生活的演员注定成不了一名好演员，所以我始终相信活到老学到老这句话，多读书读好书。当然也要学会雅俗共赏。在学校的所有课程都要学习，从专业到文化，因为表演是全方位的综合专业。我们必须要学会提炼生活，要学会多观察生活，要善于发现发生在自己身边，但自己并没有经历的事。我爱自由，喜欢无拘无束，我喜欢去体验各种不同的生活。

人生如戏，戏如人生。

生活本是一出大戏。有人蝇营狗苟地活着，有人很辛苦地扮演着各种角色，只是我们一边生活，一边还要活在别人的故事里流着自己的眼泪。以前就有人说“演戏的都是疯子”，我挺赞同这句话的。每次演戏的时候我们都是全身心地投入，当我们在为别人的故事流泪欢笑的时候，在别人看来就是一个疯子。但是没有这种接近疯狂的投入和迷失，精神又从何而来？表演不像雕塑家使用手和工具在相应的材料上雕塑出艺术品，也不像作家运用文字在稿纸上进行创作，更不像画家把艺术作品完成在画纸或画布上。演员是以自身扮演角色，用自己的内心身心创造出形色各异的人物形象来。演员“本身”既是创作者，又是创作工具和材料。所以身体始终是革命的本钱，无论主角还是配角都不重要，要记得自己首先是个人。无论浮躁或是踏实都要保证一日三餐，上厕所，睡觉，远离毒品。三位一体是表演艺术与其他艺术门类之间重要的区别。它也形成演员与角色间的矛盾。演员扮演好角色就必须要不断地解决矛盾，这就是演员职业的复杂所在。但它同时带来的奥妙，也使得表演艺术显得越发诱人和富有魅力。

做人民的艺术家，这是我的梦想。来到电影学院的学生都是怀着明星梦来的。现在过去一年了，过去浮躁的我决定踏实下来，一步一个脚印地走。明星并不是每个人都能当的，有努力，有运气，也有命运。我深知，把基本功掌握在自己的身上最实在。

我的艺术观，简单却深远，学演戏先学做人。我爱表演，热爱我现在的专业。我希望我能活到老演到老，而不是像夕颜花，只开一时就枯萎。

# 表演艺术观

2013级表演学院 / 杨赢

表演艺术，即通过演员的肢体和语言创造人物形象从而传达情感表现生活的艺术，并且需要演员用自己内心的真情实感与推陈出新的创造力赋予角色生命。经过电影学院表演专业一年多的系统学习，我对表演艺术有了自己的见解和想法，也从中学习到不少，并融入到我的表演中。

我特别喜欢奥斯特洛夫斯基的一句话："为了使观众满意，必须做到在他们面前的不是剧本，而是生活。必须做到充满幻想，使观众忘记他们是置身于剧场中。因此必须使演员表演剧本时懂得表演生活，正像在生活中，人人都能自己行动而一点也不会想到摆姿势，舞台上也应该如此。"的确是这样，我的老师总说，好的表演就是演活人给活人看，其实表演就要真实，要情真意切。但是很多人还是流于表面，抑或是太不真实太过浮夸。比方说奥尼尔的经典戏剧《榆树下的欲望》，故事本身就有很强烈的戏剧冲突，于是需要有演员强烈的真实情感去塑造人物。故事内容大概是这样的：年轻貌美的女主角爱碧为了农场的遗产嫁给一个76岁高龄的老男人卡伯特，但是卡伯特已丧失生育能力所以很有可能没有继承权，于是爱碧引诱了卡伯特的儿子埃本，并且生下一子。但这期间她对埃本产生了感情，而埃本认为爱碧只是为了继承权而已。爱碧决定杀死自己的孩子表明她的真情，愤怒的埃本报了案，但在警察到来时突然发觉自己爱她，于是称自己和爱碧共同杀害了孩子，最后与爱碧一同走入刑场。看到爱碧的扮演者在舞台上悲痛欲绝，甚至已经哭到踩不稳脚步，我真切地感觉到这个演员已经完全融入了这个角色，她把爱碧的伤痛在自己身上重演，体味着爱碧的所有感情，所以说这样的真情即便没有那些外在的条件去修饰也让人感到这个作品的力量。再比方说，很多表演很夸张，太过注意外在形式，内心十分空洞，让人感觉哗众取宠，而且很不真实，无法引起观众的共鸣。所以，表演艺术中最先要注意的就是真实。

其次，就是突破自我回归角色，好的表演不仅要真实而且要敢于为角色牺牲自己。我在大一上学期时可能还未真正解放天性，很多角色的确踏踏实实地去观察了，但是怎么都感觉缺点火候，在之后的深入学习中我意识到了自己的问题，我学会了去享受表演，享受这个角色的情感。从演员的角度来说，让观众说好的表演都是自己演过瘾的表演。所以说，站在舞台上或是摄像机前，没有自己只有角色，不能因为不好意思去释放自己，压抑了这个角色，其实某些角色的魅力就在于这个角色它是外放的是不受限制的。本学期的汇报演出，我饰演《太阳照常升起》里的林大夫，这次演出的内容只截取电影的一个片段，大概讲述那个时期的女性很渴望得到爱情，于是不择手段向男人表达自己，甚至有些病态的行为以表真心。于是我在扮演这个角色的时候都要心里调节好久，感觉全世界都撒开了也感觉自己彻底没有了底线，于是用大量的气声做台词方面的修饰，还有一些肢体动作也都夸张外化了，表示对爱情的渴望。但是这些还不够，还需要对这个人物斟酌得再精确一些，这样不仅表达了这个角色的内心，也会获得观众的肯定。

还要强调的是，表演艺术也是有节奏的。不仅音乐是有节奏的，表演在节奏方面也很讲究。这里的节奏不仅仅是以快慢而论，它还包括高低起伏、抑扬顿挫、一张一弛的变化。因为语言动作是让观众最容易去明确这个角色的，所以在台词方面要格外注重节奏的变化。那么舞台或是电影中节奏把握的太慢就会让人感觉太拖拉，会让人感觉很乏味，太快就会让观众看不清楚内容，无论说话、行动、静止都要合理拿捏速度。准确地把握表演中的节奏，是演员表演创作能力的具体体现，只有准确掌握节奏的变化，才能调节观众的情绪，增强艺术上的感染力。通过表演节奏的变化，能充分揭示戏剧的矛盾冲突，有力传达情节与事件发展的全部进程。如斯坦尼斯拉夫斯基所言："节奏——这是创造的基础。"倘若，以上两点都做到了，那么就需要检讨一下自己在节奏方面的把握，尤其台词的处理，故而表演的节奏也是不容忽视的。

最后要说的就是表演的创新了，演员本就是一个创造性的职业，每一次表演都有不同，不应机械地去翻版去重复，而是每次都要有新发现新成果，这样每次都如同这个角色又有了生命力一样，而不是都局限在条条框框里，时间久了演员自身就没了积极性，想必这样机械性的表演也不会打动观众的。所以对于那些经典作品，我们不仅要重视，还要在此基础上融入我们的新想法新观念，让这些经典跟着时代的步伐前进。

最后总结一下我的表演艺术观：需要以真实为基础，然后要突破自己，并要注重节奏，大胆创新。对于表演艺术我是怎么说都说不完的，也有很多问题也是问不完的，所以需要我去丰富这方面的知识，也要多多实践提高自身，也需要多读书多开阔视野丰富自己。

路漫漫其修远兮，吾将上下而求索！

# 我喜欢的电影类型

2013级表演学院 / 张鑫

每个人在每个人生阶段都会喜欢看不同类型的电影吧？我以前喜欢看那种偏喜剧的电影，喜欢那种全场人哄堂大笑的感觉，感觉很轻松很快乐。说实话我不太喜欢那种所谓深度的、揭露人性的电影，我觉得，就算揭露了又怎样，难道揭露了，贪婪、自私、狭隘什么不好的事物就不存在了？如果用情感贯穿的话好像又不一样了。就像最近的电影《亲爱的》，不知道为啥，看完了就一个字——爽！这里面丑恶的人性在情感面前一对比就显得那么渺小，人们能在情感的促使下做出很多难以做到的事，寻找一个人那么多年很难坚持吧，如果不是因为血缘的牵连，时间早就能把很多东西磨得烟消云散。反正我基本上一直在哭，一直在难过，看完了还是难过还是哭，然后心里就很舒坦！回到我原来喜欢的偏喜剧的电影，为什么只是说原来喜欢呢，因为现在很多的喜剧融入了太多商业广告，让人觉得很不纯粹，没有以前那种轻松的感觉了，可能每个人不一样吧，我一看到那种植入很明显的广告我就脑袋疼，你是让我看电影还是看广告，而且你打的广告我还买不起，压力更大了，呵呵……

然后说到商业片，我觉得一开始会觉得很震撼，很过瘾，然后很多导演就连很多著名导演都在追求这种大场面、大投资，就像一个空洞的内心套上一件华丽的衣服，内心越来越空洞，然而衣服却越来越华丽，所以看着看着也就觉得越来越违和。直到我最近看到《星际穿越》，我一口气看了三遍，我真的觉得看着好过瘾，脑子都不够用了，而且里面的理论都是说得通的，而且全程贯穿了我喜欢的情感，让这一切看起来是那么饱满，重点是里面的很多场景并不是绿幕，导演那么用心，到世界上最不适合的地方去花一年的时间种一片玉米，到冰岛去取景，对录音严谨而求真。果然用心的东西就是不一样，这种电影看一百遍我也乐意！

现在我们的时代越来越自由，越来越开放，很多电影也开始变得越来越不纯粹，希望以后的电影不要被金钱被利益抹去初衷，不要因为金钱去背叛自己的本心，多大的噱头、多大的投资、多大的场面都没有一颗严谨的心来得实在，希望以后的电影能给人以心灵上的慰藉和感官的充实。

以上是我对电影艺术的一点小小看法。

# 表演作品的完美出炉

2013级表演学院 / 张芸鹭

表演艺术是一门耐人寻味的艺术，它的创作过程是艰难的，如果要把它比作什么的话，我觉得它的创作过程与煮粥有异曲同工之妙。两者都需要时间，都需要在岁月的推移中被“熬”出来。不同的是，表演是入脑入心的，而粥是入口的。但无论是好喝的粥还是好的表演，毋庸置疑的一点是，它都经得起细细地品味，也许不是那么美味，但它自然细腻的感觉会使人萦绕于心。下面就结合煮粥的艺术，从演员的角度来谈谈表演创作的艺术。

首先，煮粥的第一个步骤就是用冷水浸泡，目的是让米粒膨胀。这就好比表演作品初步被打磨一样，说白了就是演员的被打磨。演员需要先从外部框架来把握作品中的人物形象、声音、外貌、动作等情况，这就需要演员练就外部技术，先是经历一系列的生活体验磨炼意志，再练就形体，做到“一举手一投足”都十分自然，贴切作品，让观众深信。

第二步骤就是开水下锅，这就是勤奋过程后成果的反馈，演员从原来的不成熟，到不断地找感觉，不断地练习。对于一个人物的初步认识过渡到对整个人物的全方位理解，这就好比煮粥的水需要一点点的从冷水过渡到沸腾一样。

第三点是煮粥时火候的掌控，这好比表演时掌握的分寸。先用大火过渡，最后一点点切换到文火。可以说，节奏是表演艺术的生命。好的表演就是恰到好处，不温不火，懂得合理的节奏掌控，什么时候是娓娓道来的缓和语速，什么时候又是急速的语速……这样就会使每一句话都带有层次感，有足够的韵味。

第四个步骤为搅拌，搅拌的目的使米粒颗颗饱满，颗颗晶莹。这就好比演员之间的交流，作为一个优秀的演员不仅仅要把人物性格拿捏到位，还要对对手的言语（包括对白、肢体语言等）做出相应的反应，要深入感受到每一个对手的内心世界。在不断的交流、碰撞中相互给予刺激，产生新的灵感。

最后一步是点油。点油相当于润色，这也是极其重要的一步，是演员的二度创作。在纵观整个剧情以及人物的基础上，要赋予一些自己的个性，就是自己的小感觉，这种小感觉的东西就不仅仅是技术层面的，更重要的是自己的想象力。一个好的演员，即使演一个清洁工都会让人感觉眼前一亮，这种潜能一是来自于天分，再者是源于后天的积累，这包含书中的和书外的世界，一个极其有生活经验的人才会将作品润色得好，赋予它灵魂上的生动。

经历了这些步骤，一个相对完整的艺术作品才会很好的出炉，就像巩俐饰演的作品《归来》一样。在她经过了一点一滴阅历的积累，各种实践的丰富，以及自己一点点的打磨，出炉了一个美好的角色。她用真情使我们深信，打动了我们灵魂深处脆弱的情感，我相信很多观众看完之后都会受到触动。一是因为真实，二是因为我们内心里都渴望着一份对爱执着的守候。

可以说巩俐的“熬粥”过程是成功的，她将一段没有台词的戏演绎的如此精湛。下面详细地分析一下这段精湛的演技。

陆焉识的第一次回家，婉瑜是没有台词的。但从婉瑜的一系列行动上，我们就可以看出婉瑜对陆焉识的爱。婉瑜先是听到有轻微的门响声，然后一愣，紧接着看到她眼中噙着泪水，慢慢地探出头，然后冲动地要开门，又犹豫了，紧接着她又到窗前去看，看到女儿在外面，她的紧张，她的呼吸，她怕陆焉识被抓，怕女儿告密，不敢开门，为他提心吊胆，却又想开门，于是她选择了不动，看着门锁轻微在动，她却不敢动只能站在窗边默默地流泪，我感受到了她内心的挣扎，她的无能为力。当看到纸条慢慢地移动，她又走到门前，从窗台到门只有几步路的距离，但她走得如此的沉重，如此的漫长。她流着泪走到那儿，又低下头捡起纸条，上面那清晰的字体是陆焉识的话，她看完纸条上的字，终于按捺不住自己内心的情绪，这时候情感到达了一个高潮，她猛地把门打开，又追到了楼下去，她一切的行动都是那么稳，一举手一投足，都会让人感受到她灵魂深处的那颗颤抖的心。下一个形成对比的就是她在火车站上的嘶喊，对陆焉识喊的快跑，看出她在用生命去叫焉识，她在人群中挣扎着，直到最后流血躺在了地上。这两种方式虽然不同，但毋庸置疑的是，我们都感受到了婉瑜对焉识深深的爱。失忆后的婉喻已经记不起焉识的样子了，但却在心里为他留了一个别人触不可及的角落，她看焉识年轻时照片的样子，她听焉识信时的样子，包括她在风雪中举着牌子等待陆焉识归来时期盼的神情，无不使人动容。

“台上一分钟，台下十年功。”好的作品需要千锤百炼的煎煮。作为一名演员，需要煎熬自己的内心和身体，让其为塑造的每一个人物服务，只有演员的完美呈现才能使作品得以完美出炉。

# 我的表演观

2013级表演学院 / 张晚意

表演专业的四门基础课：声乐、台词、形体、表演中，前三者可以说为中心学科——表演的三大支柱，声、台、形都是为表演而服务的。

在进入学校学习表演专业的两年里，个人感觉同学们最注重的科目是表演课，往往略微忽视了其他三门学科。在中学学习的政治学里，有一个木桶原理:一个短板的缺失，必定会影响整个木桶的最终承载量。表演也是如此，我觉得可以把表演专业比方为一个三脚圆桌，声乐、台词、形体是圆桌的三只“脚”，而桌面就是表演，一旦三只脚中的任意一只过短或者过长，桌面就会倾斜，好比表演的缺陷导致表演水平的不稳。

我认为，表演四门专业课之间的关系如下：

台词是基础之中的重中之重，情绪再好，表现力再强，站在台上或是面对着镜头时，台词不准确，吃字、咬字不清，台词重音不对，会误导观众理解，听不清台词，甚至失去作品的观赏性。

形体牵动着表演者在演出时的肢体动作和舞台表现力。漂亮顺畅的形体动作，更有利于增强作品的观赏性，有助于爆发力、表现力、感受力等。

声乐可以说是训练演员的歌唱水平，但深层面是辅助台词课，更为重要的是，声乐的表现力、想象力、咬字、发声、吸气、吐气也同时有助于表演，许多方面是相通的。

总而言之，四门基础课相辅相成，缺一不可，必须共同进步，不可以单一注重一个学科。

# 我的表演创作观

2013级表演学院 / 陈瑶

作为一名学习电影的学生，每个人都会有自己对本专业的不同认识，作为一名表演系的学生，我认为表演不应该只是培养演员照着剧作的内容进行展现演绎，而是应该通过自己对剧本的诵读，进行创作想象，在作品中加入自己对作品的理解，再通过自己的处理加以展现。当然，每个演员都要具有看剧本的能力，这是基础，如果只是按照剧本照本宣科，那便不能称其为演员，演员也是有思想的，不是一架机器。

从表演的角度来说，表演也是需要创作的，演员对于任何一个作品都要有自己的见解，将自己置于剧本的环境去感受，去理解。而且，我认为创作一定要建立在阅历的基础上，如果作为一名演员，连一些在你这个领域出类拔萃的作品都不了解，甚至没有看过，那么你又有何资本称自己为演员？当然，如果只是了解本专业的著作也是不够的，演员要阅览很多的书，去了解历史，增长自己的见识，同时也要了解社会百态的人物形象，不仅要从他们的外在形象去积累，还应该深入他们的内心世界，更加深入地了解他们。

但是有了丰富的人生经历和很高阅历的人却不一定能成为一名好演员，因为在积累之后，演员还要对其进行提炼归类，再加入自己的理解进行演绎，这就是创作的过程。我认为创作是一定离不开观察积累和思考的。

表演创作分为舞台创作与电影创作，而我所接触的大抵为电影创作。这种创作要求生活化，但也不能真的按照生活的方式来演绎，因为这样会使得个人的表演显得了无生趣，让观众感到乏味，一定要接近于生活，但高于生活。对一名演员而言，观众是我们的上帝，所以从一定程度上说，演员应该了解观众，在舞台表演上要与观众有眼神交流，使观众与表演者产生共同情感。

记得老师曾经说过，表演的培养要求是掌握表演创作基本理论，了解电影戏剧创作的全过程，使我们具有良好的表演基础理论和坚实的专业技能，熟练进行表演技术创作，能够在影视与戏剧作品中担任重要角色。这是我们努力的目标。在表演上我们一定要先去体验，在斯坦尼斯拉夫斯基的《演员的自我修养》中关于体验角色的论断是“在舞台上，要在角色的生活环境中，和角色一样正确的，合乎逻辑的，有顺序的，像活生生的人那样去思考、欲求和行动”。而演员所体验的是角色真正所体验的吗？我遇到这样的事会这样去做，而剧中的角色毕竟不是我，他遇到同样的事情会和我一样处理吗？所以从“自我”出发，体验的只是自己，而不是体验的“角色”。如果单纯地把自己放在剧中去考虑，所表现出来的行为是不够准确的。所以，只有将体验与表现完美地结合，才能从内而外地塑造好一个角色。

# 我的表演艺术观

2013级表演学院 / 孟子义

时间过得真快，转眼间我已经成了一名大二的学生，在过去的一年里，我经过了最专业的表演培训，也增长了许多影视方面的知识和专业的技能，下面我说一下我的艺术观。

目前艺术的发展呈多元化趋势，表演在这过程中受到了新的洗礼，各种各样的表现形式、风格越来越耳目一新。我认为艺术应该创新，多学习前辈大师的基础上同时兼具创新精神，这样才能使表演道路更加宽广。表演本身所蕴藏的能量非常巨大，有待我们更好地去发掘探索。

我认为表演这个行业非常伟大，它使我变得非常地热爱生活。有些学表演的学生觉得学表演很后悔，但是从我学表演之后，我就从来没有后悔过。我觉得在排练和创作的同时，要把注意力和兴趣投放到表演过程中去，不要过分担心表现结果，以及这一结果与自己切身利益之间的关系，全神贯注进行表现。即使出现小纰漏，也要当作正常现象对待，不要斤斤计较，患得患失。而且我认为表演这个专业一定要多参加演出实践，老师也曾经说过："演员嘛，就是演出来的。"特别是在一些带有娱乐性场合进行表演。我能做的其实还很渺小和不足，但在我的创作中我都竭尽全力地把自己的能量发展到极致，这是我们大学期间所学能力的集中展示。

也许在这个行业里我还很不专业，但是我会在学习表演的这条路上慢慢努力，一点一点积累经验，哪怕有挫折，我也会越挫越勇。在往后的日子里我会让老师看到我的进步，看到我的努力。我会在这个专业里越来越优秀！

# 一切从细节着手
## ——我的艺术观

2013级表演学院 / 袁欣

从我入学前考学培训的时候开始，老师就讲过演戏=演细，如果把一切细节规划好了，很多情况都会是事半功倍的。其实从一开始的时候我并不是很理解，细节究竟是哪些，到底需要注意的是哪些，究竟该从什么方面去入手。

大一入学开始我们就进入了动物模拟、观察生活练习等阶段，开始逐步懂得寻找细节是在观察生活练习的时候。老师曾经跟我们说过，首先要考虑的就是规定情境，例如时间、地点、天气等，越细致越好，要注意是白天还是晚上，下雨还是下雪又或者是刮风，或艳阳高照；其次要考虑不同的人物的性格、不同人物的职业，在同一个规定情境下也会有不一样的反应。给我印象很深的一个练习是，我们班一位北京女生演了胡同里卖报的老太太，从穿着到手里拿的道具，一下就能体现老北京胡同的感觉，她手拿一把蒲扇一直扇着，跷着二郎腿，剔着牙，爱买不买的模样，都十分生动。哪怕一句台词还没说，一些小的细节出来就让人能感受到老北京的感觉。

再到后来进入小品以及现在的片段阶段，剧情越来越丰富，也让人越来越容易忽略细节，但其实不论剧情以及人物关系变得如何复杂，想要表现好，依旧需要设计的都是一些细节。就如演民国戏，服饰以及各类小的道具，手该怎么放，该怎么坐着怎么拿东西，只要有一些不对，立马会让观众感到不舒服，自己也容易出戏也会影响对手，这样最后出来的结果一定不会精彩。如果在台上只是演个大概，是没办法吸引观众的。

在准备剧场演出的时候，一个细节都可能影响整个演出的状况，例如一个道具没到位，或者位置不对，会极大地影响剧情以及演员的情绪，甚至酿成舞台事故，在生活中也是如此。

因此，在我看来，不光表演，艺术一切都应该从细节着手，这样才会有精彩的电影产生。

# 我的艺术观

2013级表演学院 / 徐采夫

从上学以来，老师说过最多的一句话是“做人民的艺术家”。现在才明白，挺难的。

经过三年国艺生活加两年北电的奋斗，我所理解的艺术，是创作主体基于自我表达的需要而借用作为载体和工具的艺术作品这一外在表现形式来进行自我创作的全过程。它不是创作者对现实生活的逃避，相反的，却是创作者选择的一种直面现实和直面自我的生活方式。因为，“艺术家”在创作过程中必须将自己的思想和灵魂一丝不挂地、赤裸裸地展示在自己的作品中，并接受众人的评判。这种剥皮露骨的过程对“艺术家”而言，是残酷而艰辛的，需要自我展示的勇气和持之以恒的执着。从这个层面上讲，“艺术家”是坚强并勇敢而无畏的，或者是令自己所钦佩的。

艺术作品在于真实的自我表达，真实地“活”在舞台上。真诚的品质是艺术作品的精神所在，也是一个“艺术家”所应保持的最基本的创作心态。这种真诚的品质不仅包括对社会、对人类的真诚，而且包括对创作过程以及对自我的真诚。艺术创作者只有本着真诚的品质以高度自由的精神把他自己所感悟到的理念以一种人生体验的方式体现出来，并借助于艺术作品的外在形式得以展示之时，“他”的价值才得以实现。

一句话：“有了理想就不怕苦”。

我是一个理想主义者；但我不是为了苦到这个世界上来的，我追求幸福，艺术使我存在，让我快乐。

# 艺术是相通的

2013级表演学院／崔丙林

我是北京电影学院表演学院二年级的一名在校生，所学专业是表演创作。我谈谈我的艺术观。

百度百科对艺术是这么解释的：艺术是指用形象来反映现实但比现实有典型性的社会意识形态，包括文学、绘画、雕塑、建筑、音乐、舞蹈、戏剧、电影、曲艺等。在艺术的分类中有一类别是表演艺术。其实只讲到了音乐、舞蹈、曲艺，我认为这是广义上的表演艺术，具体到我所学的专业上，涉及声乐、台词、形体、表演，加上一些其他艺术。艺术是相通的，都有它的共性，并且互相会有所影响，而且这里的影响我觉得是积极的。

下面我就结合我学习时遇到的一些小事例谈谈艺术为什么是相通的，而且对于演员来说多学一些其他艺术门类尤为重要。很多演员学习京剧、曲艺、芭蕾舞作为基本功进行训练，其实都是为了要从其他艺术汲取养分，获得启发，得以借鉴，能为我所用。著名艺术家焦菊隐先生所排的《虎符》《蔡文姬》等戏，便借鉴了戏曲中的许多元素。《蔡文姬》里的胡笳十八拍的音乐就是从昆曲中借鉴来的，经过著名的昆曲作家傅雪漪先生的创造和话剧的古典戏结合在一起，两个不同剧种被融为一体，渲染了应有的戏剧气氛，它也确实为全戏增添了亮点。

就在最近的排练中，其中有一个片段是我们改编的电影《触不可及》，其中有多场大段的探戈舞戏，那么演绎一个这样的戏，演员如果肢体不协调还怎么演，所以还要进行探戈舞的练习。电影中由孙红雷饰演的傅经年，是我们班的张晚意来扮演，但是他跳舞就有些紧，而且有些动作很生硬，这部戏的看点由此大打折扣。所以平时大家都在很努力地练习舞蹈。这部戏的最后是年迈的傅经年又重返大陆，后来来到宁待的坟墓前，在舞台上我们则处理成傅经年站在舞台后方的高台上，然后走下来到宁待的墓前，可张晚意扮演的一点也不像个老年人，最大的问题出现在走路上，一个年过八旬的老人应该是个什么样，腿脚好使吗？驼背吗？步子大还是小？这都是要去考虑的问题，经过大家一番提意见之后，立刻好了很多。

写这篇文章的时候，我正是边听着音乐边写的，是钢琴曲，突然我就想到了老师曾经说过的一个问题，如果这时候张艺谋或陈凯歌选上你做主演，演一个钢琴家，先不说你的钢琴弹得多厉害，至少要弹得很熟练吧，总要有这么个镜头是拍全景的，这可不能找替身，如果你不太会弹，那么这机会就失去了，所以有时候多学一门或几门其他艺术是有好处的。

表演专业的学习或其他艺术的学习，都不是一朝一夕就掌握的，需要更多的是练习，台上一分钟，台下十年功。其次还是要多看书，提升自身的内在气质，腹有诗书气自华，学的任何东西都不会白学，说不定哪一天就用上了。

# 我的艺术创作观

2013级表演学院 / 谢璐瑶

作为一名电影学院的学生，影视艺术与我们息息相关。影视艺术是时间艺术与空间艺术的复合体，它也在延续时间中展示画面，构成完整的银幕形象，在画面空间上展开形象，使作品获得多手段、多方式的表现力。

我认为一部好的电影需要很多要素：一部好的剧本、一支强大的团队、一群优秀的演员。我是电影学院表演学院的学生，没接触“中国当代小说与电影改编”这门课时，我只是在自己的专业上对电影艺术有所了解。然而上了这门课，我发现剧本真的非常重要，对于小说的改编也不是容易的事儿。小说改编是指在原有作品的基础上，通过改变作品的表现形式或者用途，创造出独特性的作品。比如上节课所看的《胭脂扣》，它改编自李碧华的同名小说，由关锦鹏执导，小说的开头与电影的开头截然相反，电影中将女主角如花与十二少的相识放在了片首，将如花变成鬼寻找十二少放在中间部分，影片全程插叙他们的爱情故事。这样的改编更加吸引观众，带有稍稍的悬念感。在丰富的剧情上，梅艳芳和张国荣精湛的演技又使电影更添一份光彩。

在上课期间，老师给我们训练了很多电影改编的练习，锻炼了我们的能力，同时也给让我们欣赏了很多好的电影。记得老师说《白日焰火》获得了第64届柏林国际电影节最佳影片金熊奖，下课后，我去看了《白日焰火》，但是觉得并不是非常地吸引我，最后看得有些昏昏欲睡，也许是结局太水到渠成？比起上次看的《委托人》，在剧情上少了点悬疑感。两位演员的演技却是非常好，但是剧情上的缺乏还是使我缺少了热情。这再次让我意识到好本子的重要性。这对我们学表演的学生来说，也是一个很好的学习机会，我们可以从中学到很多有利于我们专业的知识，在我们的表演作业中，也可以编排一个具有吸引力的作品。

总而言之，编剧是很重要的，专业的编剧应该对中文、影视文学、各种书籍等都较为了解，并熟悉影视、戏剧、广告、专题片等运作的相关流程，熟悉电视、戏剧的表现手法。编剧是整部电影的核心和灵魂。我们作为演员，也需要一定的文学涵养，读懂一个剧本，才能有发现剧本深处的灵魂的能力，从而鉴别。所以，在我们的日常生活中，文学修养是必要的，什么类型的书都得有所接触，提升自身的素质。除了看书，还要多看电影，熟悉电影。我相信吸收的知识越多，不光在专业上有很大的提升，在电影改编和小说改编中，也能取得很大的成果。

艺术是个玄妙的东西，它源于生活，高于生活。要想真正地掌握，平时得点滴积累，看万卷书，才能行万里路。

# 我的艺术观

2013级表演学院 / 藤本喜代美

The process of filmmaking is both an art and an industry. Films are cultural artifacts created by specific cultures. They reflect those cultures, and, in turn, affect them. Film is considered to be an important art form, a source of popular entertainment, and a powerful medium for educating or indoctrinating citizens. The visual basis of film gives it a universal power of communication. Some films have become popular worldwide attractions by using dubbing or subtitles to translate the dialog into the language of the viewer. Some have criticized the film industry' s glorification of violence and its sexist treatment of women.

In order to define art, it is necessary to cease to consider it as a means to pleasure and to consider it as one of the conditions of human life. The activity of art is based on the fact that a man is capable of experiencing the emotion which moved the man who expressed it. For example; one man laughs, and another who hears becomes happy; or a man weeps, and another who hears feels sorrow. A man is excited or irritated, and another man seeing him comes to a similar state of mind. By his movements or by the sounds of his voice, a man expresses courage and determination or sadness and calmness, and this state of mind passes on to others.

The meaning of creativity is the meaning of existence. The meaning of creativity is the meaning of life, because if one is truly inspired, you can see creativity in everything you lay your eyes or hands upon. Everything in the entire Universe is created, and is unique because at some point it will not exist anymore. All things are transient. The only thing that has any permanence to it is change, and change is reflected in our creativity, which is reelected in our lives. The meaning of creativity is imagination, and we should push our imaginations to the hilt. Creativity is in us and around us, and it is boundless as is the energy that sustains it.

It is the actor' s sense of life—an emotional, subconsciously integrated appraisal of man and of existence—that controls and integrates his work, directing the uncountable choices he has to make, from the choice of subject to the details of style. An actor does not fake reality—he stylizes it. He selects those aspects of existence, and by- isolating and stressing them, by excluding the insignificant, he presents his view of existence. His concept is not divorced from the facts of reality—they are concepts which integrate the fact.

# 基于社会的艺术观

2013级导演系 / 马鹜

艺术的基础是社会，只有来自于社会，才能够在一定程度上成为有用的，可以持续的，高雅的而且现实的艺术。

社会是人类生活的来源，是人与人沟通的场所，之所以有了艺术，有了艺术对人类的改变，是因为社会是有机的。当我们根据社会与现实创作了艺术品，才使得社会有了一些根本的变化，人与人、人与社会的关系才有了根本的变化，而由于这些变化，艺术才会显得有必要且有意义。

依据社会而创作，实际上在某种程度上来说就是马克思主义以及社会主义的艺术创作的基本思路。“艺术为人民服务”，其意义就是艺术创作必须基于社会和现实，创作宗旨是服务于人民群众的。当然，完成后的艺术作品既是为了人民群众，也需要承担相对的社会责任，所以我觉得艺术要严谨、严肃，而且正确。

所谓严谨，就是不要随意依自己的意愿来创作。有很多作品想当然，创作者根据自己的单方面想法来创作，使作品严重脱离现实，不接地气，所创作出来的作品不真实不能感染人，因此要严谨创作。

所谓严肃，就是要认真对待创作者所面对的一切。

而所谓正确，通俗意义上讲便是三观正确，符合价值观要求，始终要持有为社会提供正能量的想法来创作，这样出来的作品，是有益社会的。

依据现实和社会而创作，这就是我的艺术观，而且这样的艺术观，我相信，是适合当下社会的。

# 我对艺术的一点理解

2013级导演系 / 吕佳逸

艾伯斯说："我们的起点，不是去回顾，不是雄心勃勃的去图解说明，去美化装饰，或叙述表达什么东西，我们试图去学习，去观察，每个可以看到的事物都有形体，每个形体又都有意义，我们通过创作形体认识他们。"

艺术本身应该是观察，试验，表现，而不是简单的模拟与复制，直接的课题并不是把生活一成不变的用艺术的方式表现，而是应该运用已经有的材料进行组合，再创造，使之成为艺术。因而艺术并不是单纯简单的手段，而是具有强烈个人意识的存在，我们如若从事与艺术相关的职业，对艺术的研究与创作应基础于对生活的领悟与分析，而不是以"创作"为目的，以"金钱"为目的，这样的作品是无法比肩真正的艺术的。

我们所看到的世界是什么样的，我们创作出的作品就是什么样的，因而可以说，艺术是具有强烈主观意识与个人情感的，孤独的艺术家所创造的艺术品，可以看出孤独，具有悲悯之心的艺术家所创造的艺术品可以看出对世界的悲悯，所以说"艺术源于生活高于生活"这句话是十分正确的。

在我的观念里，对艺术创作的态度必须是严肃的，对人的情感的揣摩带来艺术的创作冲动，使得艺术作品得以被呈现，而我们对艺术作品的态度也应当是认真的，而不是以狎戏的态度去对待艺术作品，同样的一部电影，有的人看出的是人性与同情，有些人看到的就只能是暴力与色情，这是缘于人对艺术的看法的区别。

从另一种意义上来说，艺术的存在又不全部基于艺术家的情感，应该说，艺术家寄予艺术作品的情感应该是真善美，而不是一些对恶丑、艳俗的歌颂与追求。人的存在，人的灵魂的存在，必须基于其对美好的渴望，对美好事物的追求，其内心必然是善良且有信仰的，对一切事物是具有怜悯之情。这样他所创作出的艺术，才可以称得上是具有了情怀，具有了情感含义的作品。

我的艺术观并不单纯基于艺术创作的技巧，当然技巧的存在是有相当一部分的重要性，但从某种意义而言，创作技巧是可以通过学习，模仿得来的，所以在学习完方法与技巧之后，我们更应该重视的是内心对艺术的追求，以艺术的眼光关注这个世界，从而用自己的解读来重设，创造出一个带有艺术认识的世界，让观看他艺术作品的人能从中感受到真善美。

艺术应该是不带有功利性的，仅仅用来表达艺术家的艺术思维与理想，感受这艺术品的人能从中汲取到艺术的力量与美感，那就足够了。譬如说电影，导演可以体现出的作用是通过自己对电影的感知与能力，让观众体会到导演的目的、爱或者责任。

# 艺术是真善美的集合

2013级导演系 / 杨哲

艺术观，归根到底是每个人看待世界的态度，狭义上理解的艺术是从人类文明中来，随着时光远去慢慢被解析，但每个时代的艺术都代表着人类在具象和抽象层面的状态，诠释人类的精神世界，所以，好的艺术作品都是从人性的角度出发，有其独特的灵魂。

世界上到底存在不存在真相？不同的人对同一事件的发生会产生不同的反应和看法。假如新闻报道一名男护工强奸了一位他护理的植物人，大多数看客会随着新闻报道将自己对于事件的激烈态度指向那位男护工。阿莫多瓦不是，他放低姿态，去探究新闻背后的原因，行为存在的背后，被铺天盖地的偏见报道埋葬起来的理由，所以他拍出了《对她说》。从人性出发，让我们站在男护工的角度，慢慢去理解他，原谅这世界中所谓的错误。所以这是艺术家，他能看见妓女眼中的苹果，底层人身上的不平凡，他们姿态低，目光热切而长远。艺术就是这样，无限接近“真”，本真，少些世俗的偏激。

在中国美术史里面，从唐朝王维开始有了文人画，苏东坡说王维是“诗中有画，画中有诗”，因为王维本身就是读书人，所以他的画中富有诗意，境界很高。他的《伏生授经图》中，不像阎立本一样替帝王将相画像，也不用太多颜色像宫廷画那么华丽，不讴歌神佛，而是画了一个骨瘦如柴的干瘪老人，盘膝坐在蒲团上，靠着几案，右手拿着一卷书，左手正在指点，好像老师对学生讲书。案上有笔砚，地上还有一大卷书。画中的人并不美，可是王维觉得，画画并不是炫耀美丽的色彩，也不是一定要去画帝王的尊贵和宫廷侍女的艳丽，他认为画中人有传道授业的精神就是值得作画的，他的画是有灵魂的，所以丑也是美，艺术都是有“美”的。再比如美，自由女神像上镌刻的诗句：那些疲乏的和贫困的挤在一起渴望自由呼吸的大众，你那熙熙攘攘的岸上被遗弃的可怜的人群，你那无家可归饱经风霜的人们，一起送给我，我站在金门口，高举自由的灯火。那是《海上钢琴师》中对岸的光明，它引导人们奔赴于它，因为它给人力量。诗歌是美的，诗意是美的，这便是艺术。

审美的最高行为是善，是思想，是立场，是给人耐人寻味的力量。电影《罗生门》讨论的话题永不会过时，就是因为它在讨论真相，和人的自私，四个人对于一起谋杀案不同的回忆和解释，但好在黑泽明的片子悲观而不绝望，他提出沉重而现实的议题，却给观众充满希望的结局，这是他对善的憧憬，也是每个人心中的憧憬。

说来很俗，但真正的艺术就是真善美的集合，想做到这点也确实不容易。我们畅行在这样的艺术氛围里，也许人生才算真正活过。

# 我的艺术观

2013级导演系 / 张玥

在这样一个所有东西都空前发展的时代里，艺术已经变成了一个太过泛滥的东西。它变得就像是平日里大家都会说的脏话一样，所有的东西在人为的宣传上都能够变成艺术。但是换句话来说，我们其实早在以前就已经把艺术变成了一种习惯和一种讽刺也说不定。

艺术这个词的定义过于广泛，总是给我们带来错觉。

我们把看不懂当作艺术，把一些新鲜的东西当作艺术，因为我们总是把一些我们不懂的东西当作一个重要的目标去理解，总是在这些东西上面赋予了太多自己的理解，这些理解实际上大多数来自于自我的一种期待。这种期待或好或坏，没法正常评价。就拿豆瓣评价来说，很多人能够在一个天地里面谈论电影艺术是件很好的事情，评论能够托起一部电影，也能够毁掉一部电影。而这些评论大多数都来自于评论者对于艺术的自我认知。

自我认知是艺术的本质起源，不认识自己就没办法发现艺术。

对于电影专业的学生也好，对于这个世界上那些想去触碰“艺术”这两个字的人也好，认识自己是最重要的。

艺术实际上就像是一种组合。而光影、构图、景别、故事的组合有太多的可能性，用一种自己的生活和感觉去拼接这些东西，组合排列，我觉得这就是艺术。它是一种可能性的不断地组合和重造，不好的打坏了重来，好的留下来当作一个模板学习模仿。这其实就是所有艺术的趋势。

时钟摇摆，从左边到右边，中间有很多的摇摆的弧度，这些都像是不同的角度和方向一样，但是到最后，不是左边就是右边。这就是艺术的魅力和世界上的人想要去寻找的东西。到底是去往右边还是左边，还是说在中间摇摆着，尝试不同的角度和可能性。艺术不分对错或者好坏，只是看看谁对自己的生活和经历有着更深的感悟，最后能否建立起一座和其他人交流来往的桥梁。

我非常喜欢荒木经惟和吕楠。荒木经惟有着色情和生活的两面，在他的《漫步东京》里面，就能够看到很多他对这个世界的观察。画面就是普通的街拍，但是为什么好看，因为它真实，它带着荒木经惟强烈的个人选择和看法，这就是他眼中的东京，形形色色，就像是昭和的浮世绘一样，这些东西所有人或许都看到过，但是他拍下来的和所有的其他城市不一样，无与伦比。这就是他的艺术。对于吕楠来说，相机的镜头牵引着所有人去看那些我们从来不曾看到的东西，去看看农村的美好，去看看那些穷苦人民的真实生活，他一样真实。他忠实地去记录那些我们从未知道的人生现实，这些现实打动了所有的人。这就是他的艺术，用镜头记录这里有一群你们从未认识的人。

这两个人的例子就是钟摆的两端，这两个都是艺术。每个人都看得懂，都明白，都能够感悟。这和那些看不懂的艺术不一样，艺术总会有范围和感受人群的大小。但是真正的艺术，或者说是我们共同追求的艺术，就像是乌托邦一样，每个人都明白作者所想，都能够从中有所发现。

美如果是拿来欣赏，艺术就应该让人感悟和发现。

# 我的艺术观

2013级导演系 / 徐蔚昕

随着当代中国经济的快速发展，人们从最初的满足简单的物质需求，进而更多转向追求生活品质和精神层面的东西。随着生活水平和审美需求的不断提高，人们对艺术的渴求也越来越迫切。

艺术观是指作家对文学创作和现实人生这两者关系的总体认识和总体态度，而决定这种认识和态度的则是作家对文学的价值、功能和在人类的精神生活中应负使命的看法。

在马克思主义的观点里，文艺是生产关系总和构成的上层建筑部分，是上层建筑中的一种社会意识形态，文艺是一种特殊的意识形态。它代表了马恩对文艺本体内涵的基本规定，体现了这一命题高度的概括性与包容性。

毛泽东在《在延安文艺座谈会上的讲话》中讲到："'文艺的基本出发点是爱，是人类之爱。'爱可以是出发点，但是还有一个基本出发点。爱是观念的东西，是客观实践的产物。我们根本上不是从观念出发，而是从客观实践出发。我们的知识分子出身的文艺工作者爱无产阶级，是社会使他们感觉到和无产阶级有共同的命运的结果。真正的人类之爱是会有的，那是在全世界消灭了阶级之后。阶级使社会分化为许多对立体，阶级消灭后，那时就有了整个的人类之爱，但是现在还没有。我们不能爱敌人，不能爱社会的丑恶现象，我们的目的是消灭这些东西。'从来文艺的任务就在于暴露。'这种讲法和前一种一样，都是缺乏历史科学知识的见解。从来的文艺并不单在于暴露，前面已经讲过。对于革命的文艺家，暴露的对象，只能是侵略者、剥削者、压迫者及其在人民中所遗留的恶劣影响，而不能是人民大众。人民大众也是有缺点的，这些缺点应当用人民内部的批评和自我批评来克服，而进行这种批评和自我批评也是文艺的最重要任务之一。但这不应该说是什么‘暴露人民’。对于人民，基本上是一个教育和提高他们的问题。除非是反革命文艺家，才有所谓人民是‘天生愚蠢的’，革命群众是‘专制暴徒’之类的描写。”

在我的艺术观中，艺术由爱而生，对于生活的热爱促使了我对生活的观察，对生活的观察体验促使我产生了对艺术的热爱和了解。艺术源于生活植根于生活，服务于生活，艺术源于人民，服务于人民。因此，在我的艺术观点里，艺术要接地气，要同人民的现实生活结合起来，艺术充实着人们的文化生活。艺术是一种精神文化，从本质上讲，它属于人类的一种文化现象。人类因为有文化而变得更加文明和进步，因为喜爱艺术而使自己的精神境界变得更加完美和高尚。艺术记录和再现了人类文化和思想的发生、发展过程。通过艺术与文化的连接，可以增进对多元化和人类文明的了解，加强文化认同感和多元文化意识。

所以在我的观点里，艺术作品应该是接地气，所以艺术作品不应完全摒弃它的商业价值。艺术与商业相结合，是我未来作品中希望能够体现和实现的。一个艺术作品的商业价值可以从一定程度上体现出人民对这个作品的需求程度。艺术作品因为有了广泛的普及，才能更好地宣扬和体现艺术作品中所蕴含的深刻道理。爱是人性的集中体现，所以艺术作品应该蕴含着丰富的爱，这个爱是广义的，包含了爱情、亲情、友情等各种人性的情感。艺术作品中因为有了爱必然会是美的，也是符合大众审美的，美的东西自然会具有艺术感，可以净化和温暖人们的心灵。在当今这个物欲横流的社会，我们尤其需要“爱”来温暖和感动我们。而艺术作品是传达“爱”的最佳手段。我希望世界能够充满着爱与幸福，这也是我之所以选择艺术道路的原因。因为我想用艺术来感动人们逐渐冷漠的心灵，所以我也希望我的艺术作品是符合大众审美的，因为作品被推广和接受的程度越高，能够接受到爱与温暖的人就越多。

艺术当然可以是悲观的、愤怒的等负面的情感，但是当今所需要的艺术作品还是更需要“正能量”的支持。从人民群众入手的艺术是值得推崇和尊重的。我也将加强自己在实际生活中的体验，努力提高我的艺术素质和艺术能力。

# 我的艺术观

2013级录音系 / 丁可

生活中的许多物品和事件都能帮助我们树立艺术观，并在对事物不断地接受和接收中，我们的艺术观也在不断地改变及升华。

作为录音系音乐制作班的一员，能对我的艺术观产生最大影响的自然是音乐。艺术作为一种文化现象，大多为满足主观与情感的需求，抑或是日常生活进行娱乐的特殊方式。这些年来音乐已不仅是我生活中不可缺少的一部分，更是我生命的一部分。音乐于我而言是直观的感受，是后天的创造，能将我的想法完美地表达出来甚至升华，转换成一种无国界、唯美的，甚至是拥有了更多的展开想象空间的形式。

人类要是没有了艺术，那么一切将会是多么地冷清可怕，世界都将会死气沉沉没有生机。所以我要做的不仅是满足自身的艺术需求，更要将艺术更好地传播，传承下去。

这便是我要在这所学校学习的东西。将无声的电影添上一笔想象的空间，将唯美的歌词配上跳动的乐符。柏拉图认为，理性世界是第一性的，感性世界是第二性的，而艺术世界仅仅是第三性的。艺术是现实生活的再现，却也是对现实生活的美化。电影真实地反映了现实生活或讲述了一个完整的故事，而音乐则是要将其美化，且更让人身临其境，在感受一个故事的时候展开更广阔的想象，引发人更深的思考，也将我想要表达的东西更好地传达给每一个观众。

音乐要带给人们更高更好的听觉享受，就要不断地打破旧观念，构思新思路，才能创造出仅仅属于这个时代的音乐。

# 什么是优秀的艺术

2013级录音系 / 王江村

艺术已有几千年历史了，所以艺术形式也是多种多样的，不同的人会有不同的艺术观。

首先，艺术形式应该是多种多样的，我们生活在艺术的世界里，就应该积极接受各种各样的艺术。艺术是人们情感与想象的升华，所以每一种艺术形式都会有自己的特点，有自己的价值。尤其是在今天，随着科技的发展，新的艺术形式出现的速度也是越来越快。所以，面对各种各样的艺术应该积极去了解，在了解之后我们才会有资格去评判它的好坏。就像今天的音乐，不仅仅那些优美的音乐本身是艺术，就连那些造型优美、做工讲究的乐器也可以称为艺术品。还不止这样，一个忽明忽暗的小土屋获得了世界艺术大奖，魔术师将自己关在一个玻璃屋里，进行绝食表演，当这表演也被称之为艺术时，艺术的范围已经比以往各时期都更宽泛。

但是面对多种多样的艺术形式，我们又不能仅仅一味地只知道接受。尤其是现在，伴随着改革开放，外国一些腐朽的文化意识趁机涌入。其实它们是好是坏我们一眼都能看出来，但是有时还是全盘接受了，可能跟我们的自控力有关系。所以，首先要确立什么样的艺术可以是永恒的，能够被大家所熟记的、尊重的。王黎光老师曾经说过，只有那些被人民大众所喜爱的艺术才能拥有强大的生命力，才能长远的生存发展下去。因为这样的艺术形式是有根基的有生命力的，无论什么时候，无论哪种社会意识形态，人民大众始终是社会的主力。

现在艺术的发展越来越自由，无论是形式上还是创作方式上，都是越来越自由和随意。这其实是艺术向平民化发展的标志，是历史的必然，是人们艺术水平提高的表现。在这种背景下，我们的艺术就要在质量上下狠功夫，艺术作品要更精致，更有创意，更有内涵。艺术创作的自由，只是形式上的自由，而不是内容和含义上的自由。越是简单的作品就越能够有深刻的内涵，表现形式越丰富，而不是内容跟形式一样全部肤浅。

艺术要更加注重创新，我们不能只在现有的形式上不停地打转，而应该有人敢于突破。一个好的创意，胜过千百次重复，而且很有可能是改变世界的。有人之所以把苹果手机看作是艺术品，就在于它的精细的做工、创新的功能。

艺术是大众的，艺术也是精致的，更是前所未有的创新，只有这样的艺术才会被人们接受，才是优秀的，才能不朽，才能真正被人们所喜爱。

# 艺术观我

2013级录音系 / 申由甲

“艺术”，一个加起来也不过9画的词，简单到幼儿园的学生都可以轻松地写出来，却让我这个大一学生都有些不知从何说起。想来，这也就是为什么真正懂艺术的人寥寥无几的原因吧。与其说是我观艺术，倒不如说艺术观我。

艺术和生活密不可分，艺术是生活的象征，亦可说是生活来源于艺术。

初次接触艺术，是在我五岁的时候。那时的艺术对我来说，不过是一幅幅画得像或不像、色彩好看或难看的图画而已。对于梵·高的《星空》，我认为画得真好，又逼真又艳丽。而对于毕加索的《格尔尼卡》，我当时不仅不喜欢甚至还可以说是心存恐惧。我认为毕加索简直是在乱画，没有章法，没有规律，甚至比小孩子的涂鸦还要糟糕。

第二次接触艺术，是在我小学三年级的时候。那时的我已经对艺术有了初步的了解，但只有那么一点点。我明白梵·高的作品是优秀的，毕加索的作品更是出众，但问我为什么，我也不清楚，也说不清，只是知道他们很伟大。而当我在书上看到《大卫》这个雕塑时，我很快地翻了过去，心想：这也算是艺术吗？这种“艺术”真是太不要脸啦！

现在的我，回过头来看看，才发现当年的想法是如此的幼稚和无知。看到梵·高的《星空》，不单单是画得好看不好看，而是看到了那片永存于《星空》中的属于梵·高的宇宙，那灿烂到极致后的消亡。至于毕加索的《格尔尼卡》，我认为那是一首凝固在画布上的悲怆曲——它让我看到了悲剧与诙谐、挖苦与怜悯、生命的颤动与死亡的静止。毕加索敢于创造生活，挑战生活，在他的世界里，生活就是一幅真真切切的抽象画，任由他来绘画、创造。至于《大卫》，我看它的眼光不再是羞怯躲避了，大卫这一特殊的艺术品令人赞叹不已，它代表的是男性的阳刚、坚强和魄力，是极具代表性的优秀雕像艺术之一。

艺术，随着年龄的增长会让人觉得越来越不同，它就像一颗藏于椟中的明珠，只等着我去发现、去欣赏。

# 艺术作品的欣赏与创作

2013级录音系 / 冯天舟

艺术是发扬生命的，死神所在的地方就没有艺术——罗曼·罗兰

艺术观，看上去是一个极为抽象、难以描摹的词语。我认为一个人的艺术观体现于他的艺术追求之中。而艺术在我看来，是源于生活而又高于生活的。它是一个人对生活的理解，对生活的解读，对生活的歌颂或控诉。而且它是主观的，是灌注人情感的，是充满个人魅力的。而艺术观，我认为说白了就是一个人对艺术的理解，对自己作品的想法和对别人作品的看法。所以自然我也不例外，下面我就简单地写一点关于我的艺术观的文字。主要谈一谈对欣赏艺术作品的看法，毕竟我要学习的东西还有很多。

首先说一下欣赏别人的艺术作品时我的看法。

第一，不论是一首歌、一部电影，还是一张照片、一本书，都凝聚了作者对生活的观察和思考。所以，应该尊重每一部作品，尊重每一份凝结了辛苦汗水的作品，哪怕你不喜欢它。

第二，在欣赏一个艺术作品的时候，不应该带着某些偏见去审视。如果带着阶级的对立、种族的敌视、立场的不同等“有色眼镜”去审视一部艺术作品，往往就会因为一些和艺术本身并不相关的东西造成对一个作品理解的扭曲，甚至是误读。

但是又有一部分作品本身就带着强烈的阶级、种族观等色彩，当遇到这种作品的时候往往应该去了解一下这部作品的创作背景、作者的生平，走进这位作者生活的地域或者年代，这样能让自己更好地理解作品的深意，了解作者想表达的想法。

第三，应该尝试着去“跨界”。拿音乐来说，有人喜欢摇滚，有人喜欢布鲁斯，

我认为摇滚乐爱好者不妨去尝试着听一下布鲁斯，他可能会在布鲁斯的律动中找到新的灵感，创造出一些有意思的新东西。现在一些带有不同元素的作品层出不穷，而且不乏精品，值得一听，当然这种跨界不限于此。有的人崇尚纯粹，这并不是什么坏事，但是，往往艺术领域中的进步都出自于不同元素的碰撞，而不是一个孤零零的事物慢慢发酵。有的时候不同的元素会帮助你更好地突出你所想表达的想法。

再说一下对于创作时的想法。

首先，艺术是需要学习的。有的人认为艺术是天赋，是与生俱来的一种能力，我不否认这种说法，但是，艺术也是一种手段，一种表达自己想法，阐述自己情绪观点的方式，所以为什么不去学习一点能帮助自己更好地表达自己的方法呢。如果自己无法成为一个艺术巨匠，那么为什么不站在巨人的肩膀上呢？

然而最重要的是——保持自己的初心，要有自己的想法。不要在借鉴、学习中迷失自己的方向，也不要刻意去模仿。毕竟我们创作的是作品，而不是复制品，而且有时刻意的模仿往往很拙劣。

艺术是有生命力的，我希望我能做出能打动别人，也能打动自己的作品。

# 音乐与电影创作

2013级录音系 / 吕晴

我所学的专业是音乐制作，简单来说，就是为电影电视等各种视频类媒体制作配乐，但配乐并不只是为画面配上音响这么简单。

电影音乐能解释、烘托、揭示电影画面。能进一步激发情感，还能渲染气氛，体现思想。电影音乐所表现的思想在情绪和感情上的概括能力，是其他的任何艺术门类不能比的。

在无声电影时代，剧院常常会配置乐队在放映中进行表演，但在最初人们还没有认识到电影音乐对电影的重要影响时，乐队的曲目风格往往与电影剧情格格不入甚至背道而驰。当人们意识到这点后，导演开始使用符合电影风格的乐曲进行配乐，当现有的曲子已无法满足导演的需求，电影配乐也就正式的开始了。

当我们为一部电影惊叹时，我们会发现音乐在其中起到了相当大的推动作用。在影视作品中音乐与电影画面会组合成不同的音画关系，从而产生影片独特的审美效果。一部影片，音乐、音效、语言的有机结合，交替互补，可以形成单一画面元素所没有的张力和强烈的表现力。

由于一部电影的时间有限。如果把一些短暂的镜头都详细地交代清楚，那要占用很多篇幅。而音乐是不占空间的。音乐把这些表面并无关联的镜头连接起来，使其成为一个整体，达到视觉与听觉的完美结合，这是电影音乐独具特色的功能之一。

电影中的各个艺术元素，诸如导演、摄影、表演、美术……都围绕着主题思想而发挥着各自不同的作用。电影音乐则用音乐这一手段为深化影片的主题思想发挥自己独特的作用。

电影音乐从普通观众的观看角度来说，大部分时间是被忽略的，除了极其引人注意的高潮段落，大部分旋律都在观众的忽略下完成了它们重要的使命。但正是这些并不显眼的部分，才构成了一部完整的电影，使整个电影的世界观趋于完美，我想成为一名电影音乐人，为电影事业做出自己的贡献。

# 艺术的真实性

2013级录音系 / 朱婕

人们只想忘掉坏的东西，而去相信那些捏造的好的东西。

——《罗生门》

艺术是美好的代名词，当然不包括现实生活中发生的“暴力美学”的艺术。当然，这有时会让我们忘记艺术的起源（起源于劳动或者游戏），干脆说成是为艺术而艺术。但不要忘记，这一切全都是建立在人类满足了基本的物质需求之后的，说白了就是本能和欲望。

本能和欲望在现代社会同时被一样东西所制约着，那就是道德。道德下的艺术现在已普遍被大众所认可接受。但又不得不说本能和欲望还是存在，正如日本导演黑泽明作品《罗生门》中表现得那样。

《罗生门》电影中讲述的是不同当事人对武士金泽武弘被杀事件的证词，竟无一相同，引发了观众对于所谓真相与事实的猜测，以及对道德的思考。故事一开始是樵夫、行脚僧、下人，他们三人在罗生门这个地方躲雨并述说遇到的怪事，樵夫被看作最客观视角的目击者，但对于案件中出现的短刀始终解释不清，而后来从结尾来看显然是因为他早已将短刀卖掉满足私欲而掩盖。差役在公堂上说强盗多襄丸从偷来的马上摔下是报应，多襄丸却说是饮了有蛇毒的水，其结果不得而知。

强盗多襄丸将自己塑造成一个侠义的强盗：强暴武士妻子金砂全都是因为树林里的一阵风——使他看到金砂女神般的美貌，继而想要占有她；他的本意并没有想杀武士，而是受了金砂的挑拨；即使杀了武士，自己仍佩服武士的出手和胆气。但谁又知道当时真正的情况呢？我们甚至会听信强盗多襄丸所说的，因为他只是在为自己心中的那个私欲找借口罢了，我们难道一丁点都不会原谅一个侠义的强盗？

继而武士的妻子金砂在堂上说证词，首先便是一通痛哭，紧接着便绘声绘色描述自己如何被强盗多襄丸利用自己关心丈夫的真切心地所骗，骗得她一生的贞洁和对丈夫的背叛。她眼泪的背后其实是对生的渴求，同时将自己表现成无辜的受害者，以博得世人的同情。

最有趣的是武士即使死了也能托女巫说出自己的证词。他说自己被骗不幸中招失利，说他的妻子金砂也背叛他，被多襄丸强暴后不仅愿意追随他，还指使多襄丸杀掉自己。他还为多襄丸说话，因为竟然连强盗多襄丸听后都觉得这个女人如此恐怖。并且他心存善念，是愿意原谅多襄丸对他妻子做的坏事的。最后为自己找了个体面的死因：自杀。我们推测这是武士对自己技不如人，同时又被妻子背叛所找的最好的借口。

每个人所说的事实全都不同，全都是站在最有利于自己的角度上，连最善良的行脚僧都感叹“这一次，也许我真的不再对人类的灵魂抱有信念了”。从这个电影（艺术作品）本身来说，就使我们怀疑到底什么是事情的真相，何况是对艺术这个本体呢？我不知道答案，也不知如何去寻找。

这也许就像电影中证人对簿公堂的证词的视角一样，证人前方是没有审判官的，证人面前所对的是观众——我们自己。我们不得不既站在审判官的角度——审判证人的证词是否真实；同时又站在每个证人的背后——审视那个角色下的自己，为了自己的利益和所谓的人性。不得不说这非常容易让我们失去我们心中对于真实的判断标准，这也印证了电影开头对于社会早不抱希望的下人说过的话：“人们只想忘掉坏的东西，而去相信那些捏造的好的东西”。

那么是不是就真的没有好的东西呢？好的东西都是捏造的吗？如同格劳孔的论点：美德实际上是我们每个人承受压力所迫的结果，美德不是人借助理性明辨是非的产物。在这里我姑且将格劳孔的美德理解为道德和善心。影片《罗生门》在结尾处像是给出了答案的，樵夫接过行脚僧手中别人抛弃的孩子，准备将他抚养长大。我们还是始终愿意相信人们还是有一颗初心，心存善良的，初心无关于道德，无关乎私欲。

由劳动或游戏被人们创造出的艺术，在真真假假中，在每个人面前必然有自己的答案。

# 技术加情感的艺术

2013级录音系 / 刘乐鑫

艺术观是指作家对文学创作和现实人生两者关系的总体认识和总体态度，决定这种认识和态度的则是作家对文学的价值、功能和在人类的精神生活中应负的使命的看法。

所谓艺术一定要和人类的生活和大自然相结合，因为艺术来源于人心和自然界，失去了本源的艺术是没有灵魂的，这不是美的艺术。虽然自己的技术不算高，但是当我演奏曲目的时候，至少是怀有情感的，将自己的情感赋予乐器和曲目，才能算是艺术。

从自身的角度来讲，艺术应该有两种成分组成，即技术加情感。我们身边有不少学习乐器的同学，然而每个人的技术水平是不一样的。对于那些从小对艺术感兴趣的同学来讲，我们应该重视学习每一样东西的基础，因为只有基础牢固将来才可以驾驭困难的段落。尽管训练基本功是一件非常枯燥乏味的事情但是我们也不可忽视它。试想一下，如果你对于某首曲子有了非常大的感触，有了非同寻常的想法去表达，可是因为你的基本功不牢固而导致你无法百分百地体现出自己的感情，这将是一件多么悲哀的事情。

另一种成分则是对感情的理解。这貌似是一种很抽象的东西，无法向练习基本功一样去锻炼感情，而自己又不是生活在某一位作者的那个年代，感受不到他的情感和经历。其实，我们可以简单地查阅一些作家的生平简介，了解一些关于他的性格、生活年代背景、社会身份地位等，这非常有利于我们去理解他的作品，从而领会作品所包含的感情。另外一个方法，就是我们在日常生活中要多去思考，思考我们身边的每一个人，每一件事，每一个现象。不一定要思考出结果，但只要有了一个能让自己满意的答案就好，久而久之，我们就锻炼了自己的情感想象力。当然，我们不能胡乱想，要多层次多角度地认识它们。还是那句话，艺术来源于生活，来源于大自然，想要表现得有艺术就要走进大自然，走进自己的内心，好好去感受生活，感受大自然，从艺术的源泉中去找寻艺术的灵感。每一个人建立一种属于自己的艺术观，就会在艺术的殿堂中多出一道亮丽的风景线，无数艺术家组合在一起就会建立一座富丽堂皇的艺术宫殿。

# 我选择的艺术之路

2013级录音系 / 杨雪

在百度百科上，艺术观是这样定义的：艺术观是指作家对文学创作和现实人生这两者关系的总体认识和总体态度，而决定这种认识和态度的则是作家对文学的价值、功能和在人类的精神生活中应负的使命的看法。但我的艺术观远没有这么复杂。

小时候，我家里人大部分都是搞艺术的，所以从小就受到了艺术的熏陶。那时候我还不懂得什么是艺术观。只是觉得艺术是一件很轻松同时也很高级的事情。巧的是，家里所有搞艺术的人全是做与音乐相关的工作，于是我便顺理成章地喜欢音乐，应该说是爱上了音乐，也开始了我的音乐之旅。

到年龄稍微大了一些，有了一些成形的想法，我便开始考虑如何延续我的“艺术人生”，我想到了考北京电影学院。但最初的想法是考表演系，因为觉得做演员很风光，可以受万人瞩目，被人捧在手心。但是渐渐的，这个梦想离我的现实生活越来越远。由于繁重的学习负担，我没有业余时间去学习表演课。但是在音乐方面的学习却从没断，音乐被无形地植入了我的生活。

最终，我选择了北京电影学院录音系。一个可以继续我音乐之路的专业。我很喜欢声音，虽然听觉信息远不如视觉信息重要，但没有一个人是不需要听觉，不需要声音的。如果说电影画面是盛开的花朵，那么声音就是花茎上那一片片的绿叶。没有绿叶的鲜花是不完美的。录音工作是不起眼的，也是幕后的工作。甚至没有人会留意在现场忍着腰酸背痛举着杆的录音师，也没有人关注在后期制作时戴耳机戴得生疼的录音师。在我看来，录音工作是艰苦的，默默的，磨人的。当然，更是重要的。

干一行爱一行是我的艺术观。录音工作再苦，我也觉得这绿叶当得有价值。即使不被别人关注，我也觉得我的职业是闪亮的。录音是我的选择，我做了选择，就不会后悔，更不会放弃。

# 声音的艺术

2013级录音系 / 冷秋璇

“艺术”这个词说空也空，但它却又是与我们的生活密不可分的。换言之就是，不光有舞台艺术，银幕艺术，也有居家艺术和说话艺术等。所以，我眼中的艺术就是一切美好的事物。我是录音系的学生，我就着重写一下声音里的艺术。

声音只要是在合适恰当的分贝下就都是美好的。因为它们都在向人们传达着信息，可以说是某些复杂情感的简单来源。在凛冽寒冬中，只要听到溪流潺潺的声音，就可以知道春天不远了。在极度悲伤时，听到周围的欢笑声，便会悲上加悲，甚觉嘲讽。总而言之，声音就是以其最简单外化的形式，收获到更深层次的内在。下面就举一些例子：在电影《云水谣》中，录音师用了最普通不过的雨声来进行情感的推进。云和水第一次分别时的雨滴声预示着不祥；王父发表带有喜剧色彩的牙医哲学时只有雨滴声伴随着雷声，提醒着观众悲剧即将发生。在电影《菊豆》中，录音师用了音色悠扬带点含混感的埙做声音线索。整个影片由埙声开始缓缓进入情绪，通过一只埙的独白，描述了主人公的磨难和无奈，同时，也讲述了一个封建礼教下人性被极度压抑的悲剧。观影时像有一个吹埙人在你耳边娓娓道来这么一个心酸悲凉的故事，久久难以令人平静。在电影《霸王别姬》中，声音还具有象征意义。比如磨刀人的吆喝“磨剪子来，锵菜刀”的声音和时而伴随着的磨刀声，总共在电影里出现了七次，其中在小豆子被母亲切去第六指强行留在戏班那场戏就出现了六次。这里声音的反复出现象征着小豆子对这件事永远的记忆。这些，都是声音的艺术，都是声音有生命和有魔力的地方。

# 存在
## ——我的艺术观

2013级录音系 / 陈颖乔

在我的眼中，一旦说起艺术，就意味着创作。并不是说我们在艺术创作过程中要去追求首创什么，成为所谓的什么第一人，因为这都不重要。我认为艺术就是一种语言。

人的生命中总会遇到各式各样的事情，相信每个人都会遇到一些很想讲出来，但就是不知道怎么说，就是说不出来的一种情感或一些思绪。而此时艺术就是一种国际语。艺术家通过借助具体的形象来为普通人发声，为世界上不同的种族、不同的国家、不同信仰的人，形形色色的少数人们行使他们的话语权。

因此，作为艺术家，首先必须对自己所在的艺术领域敏感。例如，电影人应该对于视听语言很敏感，画家应该对于色彩很敏感。相当于我们刚开始学习语言的时候，我们必须先学足够多的单词，知道每个单词对应的意思，才能准确地表达我们想说的话。

然后，我认为一件好的艺术作品，像一首好的歌曲，好的电影，好的小说，至少应该在受众心里泛起过一次涟漪。艺术其实是死的，是听众、观众、读者把自己的情感、自己的故事融入进去才让它们显得如此不朽，只有此时它们才是活着的。因此艺术决不能是闭门造车，孤芳自赏。

但是，这也不是意味着艺术家应该舍弃小我，全身心关注别人。正相反的是，只有当艺术家把自己当成一个独立的人格，独立的存在，往自己内心深处开发挖掘的时候，他所创作的东西才能真正感动到受众。因为我们虽然是不同的个体，每个人都是独一无二的，但是我们身处于同一个地球，同一个世界，所以我们会有很多相似的遭遇或感触。这时艺术家就应该发挥其所长，为所有有共同想法、价值观或态度的人发声。

人类还有一样美丽的东西，它叫想象力。艺术得以长盛不衰也少不了它的功劳。因为即使艺术家与他描绘的形象没有遭遇相同的事情，他也能靠他的想象力来完成此次的旅途。但若要走到旅途的终点，这位艺术家必定是一位多愁善感的人，因为要描绘与局中人眼里所看到的相同景色，那他必定是经历着局中人同样的喜悦，同样的伤痛。

艺术并不会凭空产生，它因现实的存在而存在，因人的存在而存在。它是夹在我们理想与现实的距离中间的一个连接点。因此作为艺术工作者应该保持着左顾右盼的姿态，在自己所处领域的那块小领土上，为众人也为自己献上最激情的舞蹈。

# 我的艺术观

2013级美术系 / 刘洋

关于艺术的来源各有各的观点，无论是劳动创造艺术，还是宗教产生艺术，我们暂且不论，有一点，应该是确定无疑的，这就是：艺术是一种美的创造。人们创造艺术，就是为了美，而不是为了恶心。当然，美也是多样的，有喜剧之美，也有悲剧之美；有雄壮之美，也有柔和之美；有沉稳之美，也有飘逸之美，等等。无论美有多少种，可以肯定地说，恶心从来就是恶心，不会是美。但是，综观现在的美术界，把很多血腥、恶心、反胃的东西，当成艺术的创新大加赞扬，这只能说明，或者他们不懂艺术；或者懂艺术，只是为了某种见不得人的利益，用利益去操纵了艺术。

艺术是一种创造，它可以无中生有，也可以有中生无。艺术创造上成功的有两条路：一条路上走的人很多，大家走得也很快，但是，你还是走在了前面，这就是成功。还有一种，这条路上没有人走，或者走的人不多，你大胆地往前走了，并且走过去了，到达艺术创造美的这个目的地了，这也是一种成功。从这个概念上，艺术史的超越有两种：一种是沿着大师的道路前进，最后超越大师，这样的人一百年遇不到几个；另一种是做自己，由于所处的时代对过去的时代是一种超越，能够真实地展示当下人们的审美趋向，达到一种新的境界，这无疑也是超越古人的一条途径。

艺术当随时代，一个时代的心境，应该由这一代的艺术家表现出来。艺术这东西很讲究格调，格调不高的人，注定不可能创造出格调高的艺术品，所以，一个时代的艺术，一定是这个时代格调高的人创造出来的。

艺术要想成功，路只有一条：风格、风格还是风格。风格有两条路，一条是先共性，在完善的基础上有所突破，形成自己的风格；还有一种，先创立自己的风格，然后再努力完善。纵观历史上的大艺术家，无非如此。所以，艺术就是建立于善良之上的追求和品鉴。

# 审美观即艺术观

2013级美术系 / 郭力特

艺术观不是可以轻易确立的，每个人的艺术观也不尽相同。这个世界没有完全相同的人，也就没有完全相同的艺术观。

艺术观在谷歌上的定义是指作家对文学创作和现实人生这两者关系的总体认识和总体态度，而决定这种认识和态度的则是作家对文学的价值、功能和在人类的精神生活中应负的使命的看法。

即便不能以一概全，但是艺术观随着人类的发展，也在现在衍生出几个大类。如主观唯心主义艺术观，客观唯心主义艺术观，形式主义艺术观等。

对于我来说，艺术观还并未成为一个确立的观点，倒是一种审美观占了主导位置。审美观即艺术观。

我向往独一无二的，对应需求的艺术，抄袭是我最为厌恶的。一句话说一遍是经典，说两遍是口口相传，如果天下人都在说，那这句话，这首诗也就不再是当时的味道，就像李白的《静夜思》，本是引天下思乡之人心绪，共度离乡之忧愁的佳句。现在再从口中说出，倒是显得肤浅。对于作品来说，如果徐悲鸿的奔马图印在了人民币上，人人手中都握着，那将不会再有人去研究这幅画了。独一无二，对应需求，在我的眼中，艺术是小众的艺术，文化是小众的文化，是来源于生活，超越生活的。

梵高在创作初期并不被人看好，没有人欣赏，那么这样一个自我欣赏的过程——只有一个人的艺术圈，让他的艺术升华到了极致，等到世人回过神来后，才能追逐这艺术，但是此刻，就像追逐破损鸡蛋的苍蝇一样，一拥而上，并不是所有人都真正地能体会艺术了，俗套也就从此产生。

独一无二，小众，狂奇勿淡。奇峰，怪石，叠云，浓妆且需浓抹，用最浓郁的墨汁点染最震撼的景色。淡，是一种境界，但是浓永远是主体，是精、是准。让山峰比它还要高，还要利，让云彩比它还多变，还飘逸，让石头化为精怪。一切，都是为了冲击，净化心灵而作。

我将这些独一无二，小众，狂奇勿淡的精神，奉为我的艺术创作观。同时也接受一切美的东西，发现周围的美好的事物，分享这些美丽。最好，能用我的双手，表达出我的思想，给这个世界带来一点点的不同。

# 电影美术设计的艺术观

2013级美术系 / 梁博媛

我是2013级电影美术设计的梁博媛，我自小就学习儿童画，一直想着以后能成为一名画家。后来，我考上了北京的一所美术高中，高一的时候班里举办了一个电影社团，我加入了其中，渐渐地迷上了电影，也了解到了电影学院的电影美术设计专业，并且志愿要考这个专业。

我既然选择了电影学院也就定了今后的目标，电影学院不同于中央美院、清华美院，不同于其他综合类的艺术学校。电影美术设计不是像美院要求今后的绘画要有多么高的造诣，电影美术设计是作为一种电影语言，参与到电影的创作结构中，对于剧作、剧情、场景画面、人物造型等的影响，在电影的“视”听上都有直接的作用，这个专业需要你懂得各方面的知识。导演在阅读完剧本以后，首先要做的是和美术设计师说明自己的目的、意图和方向，美术造型设计从这个时候就开始了参与剧作创作的工作，进行先期视觉化的设计创作，创造外在的人物形象和环境气氛，确定整部电影中的色彩总谱、造型风格、色彩基调等。

美术设计师不仅仅需要丰富的工作实践经验，还需要有很高的敏锐性。打个比方，影片中一个小小的道具，看似不经意的摆放，实则是美术设计师的用心良苦，由道具展现人物的生活状态。或是人物的服装造型，也能展现其人物的性格和特征。我很喜欢《阳光灿烂的日子》这部片子，美术师对影片进行了彩色、黑白两段式的分割，对儿童、少年时期的纯真、质朴、无忧无虑的成长生活进行诗化、柔情以及对现在生活（成年后的生活）的竞争、压力、冰冷进行了平面直接的图解创作设计，这种区域和段落场景气氛的关系，在对回忆、憧憬、记忆等诸多方面，美术设计师在剧作结构的基础上，创作设计、温馨、浪漫、甜蜜以及噩梦、恐惧、惊吓等一些段落场景的创作设计，加入到剧情结构中，协助剧情发展，加强讲述剧情结构的深层情感，再“试”“听”，为剧情结构的发展找到更多的依据。

我觉得当今国内不是很重视美术师的工作，有很多片子的美术根本没有体现出其重要性，而那些一致受好评获奖的影片都是电影中的各个部门协同配合，很认真，我觉得电影美术首先是现实，然后再加以创作、改变、融入个人色彩，从写实中抽出来，加入诗化、柔情等，然后再回归到电影中，使电影变得更完美。

以上就是我对电影美术设计的艺术观。

# 艺术是酿好的酒
## ——我的艺术观

2013级管理系 / 龙彦妤

### 艺术是酿好的酒

生活是人们看见的，而艺术是一些有心人看见的，用娴熟的手艺酿成的酒。香味四溢，沁人心脾。而我认为艺术最迷人之处，便是酒的原料都是我们凡人所共同看过的活生生的五谷杂粮。我们都经历过，都实眼看见过，也许我们也对曾经在自己眼前的一串串玉米棒子、一片片高粱地感触不已却深埋于心，但是有人酿出了美酒，逸散出了你想要的气息，在深沉的夜里，与好友小酌几杯，散出了回忆的酸甜，人生经历的认同，再者，两行清泪，真实而深刻。生活是一匹大而宽的布匹，而艺术便是把最精细的绸缎嵌上缝入，上面有你有我。从而，玉米不再是仅仅给肠子过道的食物，而高粱也不再是我们“视而不见”的食物。我们不自觉中，也完成了对于自己的上升。

### 好酒的前身必须是五谷杂粮

并不是每一杯酿好的酒都是好酒，或者再劣质一些，仅仅只是工业酒精掺着水就可包装上市。然而作为把自己定义为未来的电影人，再暂时没有遭受社会市场观念的侵袭洗脑前，我们应该有对于电影的艺术性的自觉尊重，这并不意味着我们对于偏于商业类型的电影嗤之以鼻，商业电影同样可以情感真挚到令人落泪。首先做到尊重五谷杂粮，清晰看得见玉米的色泽与纹理，看见大片大片高粱地，从一支高粱上，看到一个群体的生存姿态。尊重我们生活本来的样子，尊重各种平凡却不平庸的人的生活本味。就像在地铁里，你能清晰地看到与你没有关联的人超出了陌生人相处的安全距离，你可以听到他或者她与别人的谈话，他的强硬语气，她的娇弱腔调，偷偷地进入了别人世界的一角。我们能清楚看到车厢里站着或坐着的人他们在等待下站的时候的各种表情，看见他们在转路线时拖沓或紧张的步伐，我想着这便是世俗人生最真实的样子吧。

## 酿酒是个严肃的过程

酒的味道是会四处飘散的，随着气流的方向，开放而充满可能，艺术也是这样的，艺术不是技术，在每个人心中都能形成一部不一样的史册。可是酿酒的过程，拍电影的过程，写歌的过程，练舞蹈基本功的过程，是不容随性懈怠的，不能借着自己是艺术工作者的噱头，把随便创作美其名曰为艺术。我记得有人说过，艺术本来就是一件很放松的事情，我们对待艺术创作便应该是严肃的，也有人说过，拍无聊的人不能用无聊的方式。我相信是这样的，因为一杯好酒的每一个酿造程序，并不是随意安排的，也许创作者没有高超的酿造技术却幸运酿得好酒，我个人更愿意相信那是在一个创造过程中他的种种创作行为不自觉地符合了条件。也许有时候，我们有了上等的优选高粱，但是因为酿造拖沓了时间，而酿成了仅仅供肠子过道的液体。

# 谈谈我的艺术观

2013级管理系 / 罗申

艺术观，乍一听好似专属艺术家，艺术家提出为多数人所接受的观点，后人前赴后继采用，其实是没多大意义的。我们每个学艺术的人，未尝不是在走一条无路可走的路，又或者是当修养到一定层面时不得不面对无路可走的窘境，因为我们需要创造。生活于社会、存在于体制，于形形色色的人、纷繁复杂的事之中所提炼和总结的自然不同，想说的话也各异，因而如何看待现实与艺术创作之间的关系是我们形成艺术观的前提，也是艺术创作所不可或缺的态度。

人类社会发展至今，文化与之相伴相生，从最初对自然的敬畏、对生殖的崇拜，到今天后现代、抽象艺术的产生，说明人需要艺术，它看不见、摸不着，无法在你生命垂危时给你一颗还魂丹，无法在你干渴时化作涌泉，也无法在你饥饿时化作最廉价的面包，但我们需要它，为何？联系电影来看，为何我们需要电影艺术？原因可能涉及政治、经济乃至心理层面，从根本上我认为是为了满足精神需求，它让我们快乐而富有意义，因而秉持一个适合于自我创作的艺术观对我们的艺术创作大有好处，所以直至今天人们还在孜孜不倦地探讨它。

联系自身，首先我想谈谈艺术，对这个的第一印象我想是来自于我有感官的第一刻起，除了吃饭、睡觉等满足生命延续的活动后，当我发现生活中还有一些东西能带给我快乐，可能不明白为何会产生这种感觉，但是这感觉慢慢变为引子，让自己不自觉地寻找这些东西，这样说可能太抽象，就好比一个孩子每天晚上如果听不到父母给自己读一个梦幻般的故事就无法入睡。之后随着年纪日渐增长，发现它不仅可以带来快乐，有时还可以带来忧愁，于前人作品中看人生百态，寻找一个又一个答案，本质来说其实就是认清自己、认清周围。所以什么是艺术，我觉得生活中看不到的才是艺术，比如荷叶你能看见，但荷叶像舞女的裙你可能就无法看见。所以形成自己的艺术观可以教我如何在现实中取舍与把控。

然而谈自己的艺术观，仍不免觉得这个命题太大，谈现实与艺术创作，自然也有许多前辈在先。作为一个热爱电影的学生，我只能说我们需要一个正确的艺术观指引，可什么是正确的艺术观？很难给出标准答案，落实到实践里，电影作为商业性很强的艺术品，矫揉造作、陈词滥调、阿谀奉承的作品不在少数，可能的确为市场所需要，可这是所爱之物，如果记得我们最初的冲动与感动，保持一颗真诚面对的心，学恰到好处的艺术表达，我想我们的作品也就能给每个看过的人留下点什么，很多个人的思想好似孤岛，茫茫水域、千篇一律，待在岛上，危机四伏；乘帆出海，却又怕淹没个性，这就是现状。所以我的艺术观至少该包含这么一句："耐得住寂寞，才守得住繁华。"

现实中往往失去了该有的艺术观，才明白这个意义所在，周围往往是刚说了梦想，就发现是空想，有了个点子，却提前看到失败的例子，刚准备说想说的话，却发现说真话的人下场都不好，处于水火交融中的我们想将好的艺术观长久保持，谈何容易。老师问得好，时间过后，什么能留下？记忆。记忆是什么，存在于大多数人眼里的必然不是不堪，保持好的艺术观就像吹着海边的风，走在凌晨三点钟，人少、风冷、但清新难忘。

# 包容的艺术观

2013级管理系 / 赵桐

艺术观，听起来是个虚无缥缈的东西。拆其字义，就是艺术与观念的总和。什么是观念？记得前几年“观念摄影”大行其道，被国内有些批评家批得体无完肤。究其根本太虚太玄，弄了些杂七杂八的东西堆砌在一起，乱搞一通就“观念”了。

我认为，这些没有观念的“观念”摄影，恰恰体现的是当下的某种艺术“观”：没有观念，只有碎片。这是一种误区。但艺术本是由灵感的碎片构成的化整为零的东西，那我就得尝试着把头脑里的碎片理清楚，看看自己的艺术观是什么。

现在偏激的人太多。简单地说，表现在艺术观上就是很维护自己推崇的东西但又容不下别人的意见。这样看似有个性，但一合作起来就贻害无穷，互不服气。我一直有着辩证的艺术观，既不过分的推崇某种形式，也不过分的贬低某种形式。这样一来，大片的特技是一定要学会怎么做，文艺片的叙事也是一定要研究的。这就是人的主观能动性。要是不能这样，剑走偏锋可能会成为某种极致的大师，但是大部分情况下却是直接淹没在自己创造的幻境里了。

包容的艺术观更多地还体现在用发展的眼光去看待艺术的发展。简而言之，不能因为守旧而抵触新事物，也不能过早地给一个东西下定论。要看到一个新生事物的前因后果，结合其社会背景去分析它的发展源头和未来趋势，这样才能有利于自己更清晰的认识。

雄关漫道真如铁，而今迈步从头越，今日在“中国梦”的大旗下，在文化产业大繁荣的背景下，艺术家的梦不再是小梦。它可以更宏大，更与时代密切相关。这一切都不仅仅是自己的梦。梦想可以无限大，只要愿意努力。

观念上，步伐要迈大一点，不怕摸着石头过河。作业砸了没事，做事情就是要多实践。用好当学生的这几年，等过了这段青葱岁月，再谈艺术观，那又是一种全新的境界了。

# 要做一个人民艺术家

2013级管理系 / 崔嘉涛

我上的高中是一个医学院的高中，就在一个大学的生活区里，所以我对大学生活有一定的了解。而作为一名艺术大学的新生就不同了，以前觉得北京电影学院很神秘，觉得艺术离自己很远，我上的那个高中基本没什么艺术方面的实践，觉得很遗憾。不过，我不觉得我缺少艺术生活，我学过长笛，接触过书法和绘画，也是个热爱表演的人，我报考过中戏的表演系，但阴差阳错地考上了北京电影学院管理系。

我来到北电，是因为我对艺术感兴趣且热爱电影。我上小学、初中时经常路过一家电影院，人最初对某件事物感兴趣都很表面，我也一样。小时候看到电影海报时，我觉得电影是个很炫的东西，也经常抱着这种冲动进入电影院看电影。后来随着学习的深入以及阅历的丰富，我对电影及其他艺术领域有了更深的认识。我认为艺术家尽管从事的艺术领域各有不同，但他们身上有一个共同点，那就是他们都在做自己喜欢做的事情，热爱艺术并且愿意为他奉献青春，坚持自我，不为反对自己始终认为正确的艺术的人而妥协。我们常说文化是政治经济领域的附加产品，可从事文化艺术的大师们又老想让艺术完全独立于政治和经济领域，这也就是人们说的艺术家的个性吧。

我不想说艺术是否该独立于政治经济，我只想做个比喻，艺术是棵树，那么政治和经济就是这棵树滋生的土壤与水分。但我们伟大的先哲说过，莲之“出淤泥而不染，濯清涟而不妖”，事物的生存不一定与其生存环境直接产生关联，艺术来源于生活却又高于生活。在表演领域又有这样一句话，“生活的戏剧性大于戏剧本身”，你看影视剧你可以猜到剧情发展，但在生活中你在这一秒无法猜到下一秒将要发生什么。人人都可以成为大师，你看一些山里的人没怎么学过乐理知识，但是他们唱的山歌很棒，甚至超过了一些专业的歌唱演员。而像我国很多少数民族舞蹈正是劳动人民的积累所创造出的，例如秧歌就是经过插秧，劳动人民庆祝丰收即兴创作的。

一千个读者，一千个哈姆雷特，但普通大众欣赏艺术难免跟风，专业艺术工作者太专业，难免自我陶醉或死钻牛角尖。作为管理者来说，我们要有商业美学，我们是艺术与商业的中间人。艺术作品总是让一部分人喜欢，一部分人不喜欢，我很喜欢刘欢，因为他是为数不多的做到了雅俗共赏的歌手之一。我希望我以后的作品能够做到雅俗共赏，而不是让一些专家和大众吵架的作品。我要做自己喜欢做的事，做一个人民艺术家。

# 艺术与生活

2013级管理系 / 潘梦琪

艺术源于生活，艺术和艺术以外的东西联系也很紧密，所以我们要生活、要观察生活。但是大多数时候，真正的艺术是高于生活的，如果只是简单地“生活”“体验生活”，那么我们的艺术创作也许就会和真正的艺术存在“一步之遥”。

每个人都有生活，如今活着的我们正在生活，已经去世的人们也已经生活过。所以我们表达的艺术，必然是生活的。绘画中所有的色彩、形状都源于生活，文学作品中所有的故事、人物都是在表现生活，那么我们的电影艺术呢？我们在造梦，无论这个梦是关于过去还是未来，所表达的情绪是低沉还是高亢，毫无疑问的是，我们都要用这个“梦”在表达，在诉说，从而引起观众的共鸣，让他们沉迷其中并且获得满足感。所以同样的，我们要造的梦，是“生活”的梦。

首先，我们必须懂得生活。生活是一种状态，而且是我们每个人都无法逃脱的状态。对生活毫无意识、毫无感受的人，即使可以做成艺术，也是死的，就像离开水的鱼，这不是艺术该有的状态。我们要知道每一天是如何过去的，每一件事是怎样发生的，要处于这种生活的状态之中，我们是生活的主体，而不是在被动的生和活。只有去感受生活，体会生活，有意识地体会生活的感受，那生活才能给我们所思、所感、所悟。这样，在我们创作的时候，就不会茫然无措，不知该表达些什么。在生活中的种种感受，总有我们想去表达、可以去表达的东西和情感。

其次，我们还要学会去热爱生活，每一次日出日落，都是完全不同的体验，只有去用发现美的眼光去看待生活，才能发现生活的美，从而将这种美以艺术的方式呈现出来。就像电影《罗拉快跑》的缘起就是一个红发女孩在奔跑的梦，我们每个人都做过梦，可是因为这个看似平常却又独特的梦从而成就了一部经典影片，难道不是对生活的热爱和对美的追求吗？不热爱生活的人，心是死的，思想也是冻结的，这样的人，又何谈发现、创作，何谈艺术呢？

还有最重要的一点，就是我们不仅要去生活，还要会享受生活，才能自然而然的爱生活。不管是欢乐还是悲伤，都去享受，都当成一种珍贵的经历去面对和体验。当你每天的生活都是丰富多彩而美丽的，还需要担心没有创作的素材，没有想表达的情感吗？享受生活，不仅是让生活变得更有意义，更是艺术创作永不枯竭的源泉。

其实艺术是最不需要解释的，对艺术的诠释往往是徒劳的。要想很自然将生活艺术化，重要的不是形式，也不是内容，而是把握和驾驭它们的能力。生活是一种艺术，艺术也就是一种别样的生活。

# 倾斜三十度
## ——艺术就是发现

2013级动画学院 / 张硕

最近发现了一种有趣的新观察方法，就像做游戏一样。首先，立正站好，如果担心站不稳的话，两脚张开，与肩同宽。然后，倾斜你的身体，向左或向右都行，固定在大约三十度的角度。接着，用两只手的食指和拇指比出长方形的取景框，角度与你身体的倾斜度一样。完成，现在，向“取景框”里——看！

一个倾斜的，和以前不一样的小小世界就展现在眼前，洋溢着别样的艺术气息。这么说可能有些抽象。举几个实例吧，你可以站在校园的某条小路边上，对着来来往往的学生和老师们，摆出上述动作。（注意，不要站在过于显眼的地方，你是观察者，不是被观察者。）此时奇妙就发生了。因为角度的转变，现在小道开始向地平线的某一边翘起三十度。缓缓行驶的汽车永远是在吃力地爬坡或者小心地下坡。来来往往的行人用一种不可思议的力量摆脱了重力的束缚。人们穿着的普通皮鞋现在似乎成了某种吸盘，将他们吸附在翘起的路面，而一些女性的高跟鞋，则成了锋利而牢固的钩子，让她们能以轻盈的状态被钩在浮起的路面上。众人似乎都羽化而登仙了：没有谁的衣服不是倾斜而翻飞着的。树木笔直地斜长着，不是直指着天空而是直指楼房的某扇窗户。而楼房也像某种放置过久的蛋糕一样垮塌倾斜着，住户多的那一头就像是蛋糕上涂多了的奶油，总有种要倒下的感觉。天还是一样地蓝，但是白云全长斜了，从温顺的绵羊变成了翻滚的雪球，似乎要从蓝天的笼罩下逃出。

或者，你觉得一下观察那么多东西有些吃力，不妨只观察某些“细枝末节”。比如，某楼层的水管接缝不严，有点渗水，在等待修理的时候，不妨倾斜一下身体做点观察，此时缓缓流过并浸湿墙壁的流水不再像普通的刷漆工，只知乏味的画直线，把涂料糊满整个墙壁。它像是突然来了雅兴，俨然成了一位优秀的书法家，在苍白的纸页上先是缓缓一撇，再猛接一捺，一个非常漂亮的“人”字就书写完毕，佐以一些自然的墨迹，笔走龙蛇，遒劲有力，只带观者鼓掌了。等等，观者说的可不是你，你可不能鼓掌，不然“取景框”就不见了，自然有人带为赞叹——那根倾斜了三十度的水管，微微弯曲的身体让它像个向流水取经的学生，低着头，专注地看着大书法家的挥毫泼墨，嘴里还不停地发出啧啧地赞美之声，却不知这样的声音大概打扰了正在写字的流水，总之它的流速越来越快了。

虽然有些扭曲，但平常司空见惯，习以为常直至完全忽视的景象，就这么直白又突然地以一种崭新的面貌跳到你的眼前，不满地提醒你：嘿，你又忽视了我好久，这下该好好看看了吧，艺术就在你的身边，别再老是抱怨没有素材可写，没有景物可画了。或许我们就会突然醒悟，不是生活没有趣味，没有加工的价值，而是我们不懂得观察，不会找寻，不会发现。如果艺术是一位醉人的美丽女子，那么我们就成了最最愚笨的追求者，苦苦在她走过的道路上追寻，加速奔跑，以期追上她翩然的脚步，却没有注意她就静静立于路边，等待着能停下来认真欣赏路边风景，进而发现风景中的人。

因为一切对于我们来说都“太熟悉”了。

每天拿起放下的塑料水盆，很少有人会注意它不显眼的部位什么时候多了一条新的划痕，直到它某天突然破损，才惊觉它已经被磨损了这么久。

每天去上课的途中的那些树木，或许在开花时节能收到惊艳的目光，但平常呢？它们显然每天都在发生着细微的变化，但我们永远只会注意它们最醒目的巨变。

甚至每天来回往复走的水泥路——它怎么可能是永远一样的？今天在右边多停了一辆车，明天在左边飘落了许多美丽的残瓣，早晨它的边缘镶上一层金边，晚上它的色泽微微泛冷。它每天都是不同的，只不过我们专注着赶路，其他统统抛在了脑后。

因此，正是因为我们是如此地擅长“忽视”，才不妨多多地倾斜三十度去观察。

你的视野被你的手指所限制，你的视角被你的身体所限制，多了那么多的限制，你反而更容易集中精力，去观察一个平常不会观察的事物，而艺术就潜藏在他们身上。

你会俯视你的台灯（没错，倾斜三十度会让你的台灯看起来高傲地扬着头），你的梯形的键盘，让你强迫症爆发要一一摆正的倾斜三十度的画笔，像果冻一样凝固在倾斜杯子里的白开水，永远像是要翻滚起来的苹果，攀爬着地板的猫咪……所有事物都不按常理出牌，不可思议，令人着迷。但其实它们没有发生转变，改变的是你。

你终于将目光投放在了被你忽视的事物上，不是匆匆的一瞥，而是仔仔细细，认认真真的观察，揣摩。你的视线如此冷静，你的思维却如此热烈。事物成了镜面，反射出了你改变的姿势和心态。

你倾斜了三十度，你发现了他们，你发现了艺术。

最后温馨提示：虽然倾斜三十度观察事物非常有趣，但切记不要保持这个动作过长时间，不然你只能自备活络油了。

# 艺术即沟通

2013级动画学院 / 张之慧

夏俊娜说，我们这个时代的人，少年时接受了最可悲最无用的早期教育，成年时面对的是最纷杂最动荡的现实生活。最初建立的观念和标准，在后来的社会生活中一一被打碎，前后的矛盾在很长一段时间内让我们无所适从。于是，有人在一笔一笔按照凡·代克的方式画着静物画，有人脱光了衣服为无名山增高一米，有人在鼓吹传统美学，有人呐喊着与国际接轨。什么都可以存在，关键是我们自身的需要，或者是我们更愿意接受怎样的艺术方式。

说到艺术观，我突然就想起Babel Tower。传说中，人类由于语言不通而放弃了修建通天塔。《圣经》曾描绘过，那时候天下人都说同一种语言，人们在向东迁移的时候，走到一个叫巴别的地方，发现一片平原，就住下来。他们计划修一座高塔，塔顶要高耸入云，直达天庭，以显示人们的团结力量和对天空的探索。塔很快就建起来了，这惊动了天庭的耶和华，他不愿意人类建造雄伟的城市，不愿意他们创建包容全人类的王国，他呼唤天界的随从，“我们下去，在那里变乱他们的口音……”于是，通天塔倒下了。从此，巴别城里再找不出两个听得懂对方语言的人。更重要的是，随着巴别塔陷落，柏拉图眼中的理性世界和现世的感官世界被彻底割裂。

这不得不提到《Babel》这部影片，电影中，语言并非是沟通的障碍。聋女无言，摩洛哥人无语，他们却似乎是对白最多的人。四个国家，四个家庭，只用一支枪就联系在了一起。也许那支枪就是一个象征，拒绝交流沟通与理解的象征，就像被上帝毁掉的巴别塔。每个人心中都有一堵柏林墙。看起来，世界好像的确已经是平的，但在这平坦的世界上，却有许多墙，心灵的墙，让人类彼此生活在自己的世界里，老死不相往来。也许文明就是从这个时候来的，面对共同语言的缺失，技术无法呼唤起人对美的纯粹体验，唯有艺术有这种神秘的效用。

如果真有通天塔，它不是一个地理概念，它就在人心里。

# 我的艺术观
## ——童心与孤独

2013级动画学院 / 黄嘉煜

一度认为艺术的产生是由于人们对生活的对抗、意淫和绝望，一度坚定地认为所有真挚的艺术家都有着对死亡的美好憧憬。艺术源于生活，高于生活，那么伟大的艺术一定是返璞归真的，由复杂回归童真，由生命燃烧的炙热状态回归到憧憬死亡的孤独。

小孩子有自己独有的世界，未经雕琢，反而是纯粹的“艺术家”。动画需要给人快乐，那么就需要保持持久的童心，怀着永恒的好奇与愉悦，对未知怀有感慨，才能怀着一颗澄澈的心写出美丽的故事，让孩子也会感动，让大人们也开始怀念曾经最天真的时光。To be a child，成为我心中的信条，永远像小时候那样待在自己孤独的世界里，一切都具有生命，一切的故事就这么发生。

艺术家注定孤独。梵·高终生未婚，可每每欣赏他的画作却能感觉到孤独的幸福感。达·芬奇终生未婚，却在宗教、美术、人体解剖研究和机械物理等方面都有极高的成就。虽然婚姻并不能作为判定人是否孤独的依据，可是至少能证明他们的生活中不需要这么一位伴侣。说艺术是孤芳自赏也不为过，你总需要在作品里添加很自我的东西。可是交际多少会同化你，你会在妥协中不断地通过失去来得到一些东西。所以，保持孤独，守护住生命中最本我的东西，才能创造出最纯粹的艺术品。

最伟大的动画人华特·迪士尼先生是我从小就崇拜的人，由他一手创立的迪士尼王国简直就像是梦幻般的存在。抛开迪士尼公司在全球的商业影响和作品衍生品的巨大商业价值，迪士尼的作品中也处处渗透着“童心”两个字。当我们为周星驰的无厘头表演折服时，很少有人能联想到早在上世纪米老鼠的故事里，早就出现了这种无厘头的搞笑风格，迪士尼先生才是鼻祖。“正常人干不出这事儿”，米老鼠和后来出现的唐老鸭的动画表演风格都不是成人能够表现的，所以，保持童心是多么的重要。

后起之秀，皮克斯公司现任创意总监约翰塞拉特先生也是个大孩子。带有美国人特有的幽默感，带有孩子特有的想象力才能在继迪士尼先生之后创造那么多卖座又叫好的影片，才能引领皮克斯现在这般独霸动画之天下的局势。

孤独，是活在自己的世界里。童心，是在自己想象中的世界里翱翔。既然身为“文艺工作者”，那么就应该去刻意避开一些这社会的规则与残忍，而变得自我一点，活在自己的世界里。永葆童心，永远孤独。

# 因爱而生
## ——我的艺术观

2013级动画学院 / 崔晓宇

我恋爱了。

她长发披肩，冰肌玉骨，红红的嘴唇令人忍不住想去亲吻，漂亮的双眸令人目眩甚至晕倒。

我想我是喜欢上了她。

天未亮我便起床去教室，为的仅仅是享受上课前独自两人在一块儿的细小时光，因为我知道她一定是最早去的人；考试的时候明明已经做完试卷却赖着不走而是望着她奋笔疾书的样子，想着同时交卷便自顾自地开心起来；经常在同性朋友圈中孤立出来而孤独地走在她经常走过的路上，然后一个人笑得莫名其妙，只是想到或许能碰到她然后打个招呼。

于是，我变得容易满足，每天仅仅是见个面就足以开心得不停地在床上打滚睡不着觉。但我却又永远不满足，我总是想见到她，再见到她。

仅仅是简单的相遇，便开心地不能自已；仅仅是偶然的对视，心脏便会狂跳不已；仅仅是不小心的错过，内心便会懊悔不已。

我为女孩画了一幅画，画得就像在抚摸女孩细腻的脸颊一般小心翼翼。我努力将全世界最美丽的颜料赋予画中，却又在那最美丽的艺术品下感叹自己的无力。

我为女孩写了一首歌，写了一首民谣，写了她的美丽，写了我的爱意，然后用拨片一遍一遍地拨弄着吉他弦，不停地唱给远方的她一遍一遍听。

我为女孩写了无数的故事，每一个故事的女主角都是她。在这无数的故事里，有的故事中作为骑士的我在历经重重关卡后拯救了高贵的公主；有的故事中我和她一起穿梭在古老的原始森林中进行着奇幻的冒险；有的故事中我们变成了落魄的穷人，在荒凉的街道上靠一起盗窃维持生计；有的故事中她是隐居在森林中的魔女，而我则穷尽一生将她苦苦追寻……每一个故事中的她都是那么风情万种，光彩夺目。

我想为女孩拍一部MV，就翻拍Coldplay的《Yellow》。这样就可以和Chris Martin一样在海边为她唱情歌从黑夜到天明；我想为女孩拍一部电影，干脆就用她的名字当片名，我要把她的每一份美丽都拍下来；我想为女孩做一部动画，我要让她在这部动画里成为世上最美丽的公主，满天的繁星都要为她闪耀……

对我来说，这一切都美极了。

我爱着的那个女孩，美极了；那些欲言又止的青涩感情，美极了；我给女孩的画，给她唱的歌，为她写的信都美极了；"我从远方来，你说不见，我说，哦，我只是来看海"，美极了。

我想，这样的美丽，就是艺术。

而这一切的一切，都因爱而生。

有人觉得写日记的人都很矫情。我也曾告诫自己不要那么矫情。但后来我发现，今天你的日记不管怎么去写，日后的你一定也会暗笑自己当时的矫情。后来我渐渐明白了：所谓的深爱与仇恨，对于一个人来说本来就属于非正常状态。以正常的意识去审视陷入爱与恨的人，自然会觉得"矫情"。心怀爱情的人往往会变得自己不是自己。这样的变化，或许是在喜欢的人面前变得不会说话，或许是为了救一只濒死的小狗而错过公交；或许是喜爱自然而决定离开生活很久的旧居，等等。这些脱离普通逻辑和价值观的并非"理所当然"的东西才是有趣的，才是艺术的。而这一切的本原，便是爱。

我做了一个决定，那或许是"我每天要在健身房锻炼一小时"，或许是"我要背诵唐诗三百首"，或许是"我要学习钢琴"，或许是"我要维护司法公正"，或许是"我要为中华之崛起而读书"，或许是"我要环游世界"……无论它是什么，无论这样做是因为爱音乐，爱旅行还是爱生活，每一个坚持做着这些事并且乐在其中的人，都在芸芸众生中熠熠生辉。正是这些有着热爱的人，在艺术中生活，也同时创造着艺术。

我想这个世界就如同一个宇宙，我们每个人都是围绕着恒星选择的一颗行星，我们的轨迹由自己的出身、阅历、性格所决定，而轨迹相同的两颗星有时便会因为引力相互吸引，然后一起旋转，这样的引力便是爱。在广袤的宇宙中，每颗星实在是太过渺小，我们能遇见的，我们能照亮的，无非是浩渺沙漠中的几粒沙尘，而这些很少的轨迹相同的星，也往往在你转身的一瞬消逝在黑暗寂寥的宇宙中。我们能做的，仅仅是用爱尽量留住身边那些我们爱着的细小星辰。也许他是你爱的女孩，也许是你珍惜的家人，也许是真理。我们首先活着，然后有了爱，再然后才有了艺术。

王小波在给李银河的信中写了很多句令我傻笑并且感动我的问候："你好哇，李银河。"

这样的问候，饱含爱意，令我泪目。

我也想对我爱着一切的说："你好哇，这个世界！"

这就是我的艺术，它因爱而生。

# 浅谈艺术

2013级动画学院 / 韩建磊

艺术，仿佛是个遥不可及的概念，看得见摸不着，识得出求不到，远在天边，近在眼前，谁都知道是什么，却又说不出个所以然。

艺术，似高山巍峨，又似流水悠长，似清风徐徐，又似烈火熊熊……艺术，既虚无缥缈，又实实在在。

说艺术是虚的，它就像是人的灵魂，三魂七魄，无时无刻都陪伴着你，你却看不见它的样子，听不出它的声音，摸不着它的形体。世间万物都有灵魂，换言之，世间万物都是艺术。

风，是艺术。它欢欣，它暴怒，悲悯，你都能从它的声音中听出来，风有灵魂，“千里黄云白日曛，北风吹雁雪纷纷”这是风的艺术。

水，是艺术。它是小溪的伶俐，是江河的粗犷，是大海的宽广，是大洋的无量。水是活的，你看，它哭它笑，它翻滚它徜徉，“水光潋滟晴方好，山色空蒙雨亦奇”这是水的艺术。

火，是艺术。它焦躁，震撼，腾跃，侵略，它给人温暖，驱赶寒冷，但和它离的太近，它就会伤害你，火有情绪，有原则，有个性，“博山炉中沉香火，双烟一气凌紫霞”这是火的艺术。

山，是艺术。它有丘陵的平易近人，有高原的天高云淡，有峻岭的盛气凌人，有崇山的不怒自威。山，是一位伟大的母亲，它哺育万物，恩泽世间，“两岸青山相对出，孤帆一片日边来”这是山的艺术。

世间万物皆有灵魂，世间万物皆是艺术。

大自然有大自然的艺术，人有人的艺术，有人的地方就有人的艺术，所以，艺术是实的。

艺术，它是长时间的苦练和用功得来的！画家有他的艺术，可以用指尖作画，杀猪的也有他的艺术，切肉可以不沾到骨头！一个乐手到了最高境界，可以为曲子增添生命，一个了不起的诗人，帝王都会为他的诗感动。这都是艺术！

艺术融在每个人的生活里，例如做饭，怎样做得好吃，怎样入味，蒸烹炒炸，冷藏，腌制，都有独特的套路；洗衣，毛衣如何洗，裘皮如何洗，丝绸如何洗，什么湿洗，什么干洗，都有特殊的方法；运动，追赶跑跳碰，想怎么玩就怎么玩，花样更是千奇百怪，数不胜数……每一件事物，只有用心钻研，才能出神入化，令人欲罢不能，这便是艺术。

至此，艺术，无处不在，无所不有，只要有人，就有艺术。

# 我的艺术创作观

2013级动画学院 / 韩蜀乔

有人说，电影是当代最为重要的艺术形式。这句话看似片面，但仔细思考后，从许多方面来说对于这个说法我都非常地赞同。电影不光是一门综合了几乎所有艺术形式的丰盛享受，更是在观念上引领了一代又一代人的精神旗帜。我本着对电影艺术的热爱和对绘画的喜好选择了动画这个专业。然而，在欣赏、创作的过程中，我越来越深地感触到了动画与电影艺术共同的灵魂——故事，或剧本。一部片子的硬件条件再差，都可以因深刻的故事内涵而耐人寻味；拥有再高精尖的科技，不知所云的剧本也会毁掉全片。如今我国的电影事业正是亟须优秀的剧本创作人才的时刻，在步上这一艰难而有趣的道路前，我梳理和明确了自己的艺术创作观，用以在未来的学习和工作中自我明志。

## 一、艺术家的自我修养决定审美高度。

品位、观念、追求、眼界，用这四个词就可以概括艺术家所需素养的重要部分，对于其所代表的含义我就不多加赘述。对于剧本创作者来说，个人素养决定了在故事中打造的世界观的含金量高低，更是决定作品审美高度的定位尺。台湾导演侯孝贤不光本人是一名优秀的编剧，他还尤其善于赏识优秀的文学作品，将其改编为剧本，这大大提升了他电影的文学艺术性。除了编剧，这一点同样也会应验到其他艺术家身上。优秀的演员，如“憨豆先生”的扮演者罗温艾金森，拥有牛津大学博士学位的学历。再说得远一点，全世界最优秀，最有成就的——犹太人，每年平均阅读量能高达64本。我们并不是说所有的艺术创作者都需要高学历，成为知识分子，但是想要进行优秀的艺术创作，归根结底离不开一个词——“厚积薄发”。

## 二、没有创新意识的艺术创作者一无是处。

俄罗斯画家康定斯基的画，看似只是谁人都可以随手涂鸦的点线圆，却成为里程碑式的作品，为无数人赞叹、模仿。那些质疑的人殊不知，他是抽象艺术的先驱，这种艺术形式不能说后无来者，但一定是前无古人。技术精湛的艺术家千千万万，唯有那些独一无二的“异类”可以有为世人所知的机会。毫无疑问，“创新”应当是每个艺术创作者永远的理想，是为之努力不懈的目标。不创新，一味模仿别人的“艺术家”，像是找不到依附的藤蔓，永远到达不了新的高度。对于学习编剧的人来说，生活就是源源不断的灵感宝库。从不同的角度观察这个包罗万象的世界，可以发现太多的新奇和趣味，切不可以将眼光局限于方圆十里之内，局限于自己已经知道了解的事物。

## 三、谦逊地学习，对于“我执”把握有度。

“我执”是佛教用语，是指人们“固执地认为存在一个能自在主宰的实我”，处处以自我为中心，便枉生烦恼。我所理解的，对于艺术工作者而言，“我执”则是过于自恋、自满，认为自己的创作不应受任何人操控指点，或是创作过程中完全只以自我为素材，以主观感受为主要灵感来源，深深陷入个人的小世界中的状态。前者和后者的问题都可以归为一个词“自负”。的确，对于艺术家来说，个人主义色彩对于其发挥个性、施展长处来说是必不可少的，尤其对基础深厚、拥有广阔施展空间的艺术家来说。然而凡事没有最好，只有更好，最有个性的艺术家也会不断地借鉴和学习。应当说，从古至今，谦卑的作品总能感动人心，对爱谦卑，对自然谦卑，谦卑会自然而然地带来认真和尊重。被蒙上一层厚厚的“我执”色彩的艺术作品，就像一个只顾拿着镜子顾影自怜的人，永远不能走远。

# 我对艺术的看法

2013级动画学院 / 温子贤

来到北京电影学院时值三季，接受了专业的授课和一些艺术理论的教育，也和同学们的艺术观有所交融，自始至终我自己的艺术观也没有很大改变。

我一直坚信，每个人都会有自己独特的看待艺术的态度，我们无法评判谁对谁错，也许在实用主义者眼中，某些艺术就是单纯的浪费生命浪费财力做无用功，这无可辩驳。

在岁月的漫漫长河中，人的一生不过是其中的一瞬，而艺术能让人生体验区别于动物体验，感受超越时间的美。人的一生也许平淡无奇，但是当你的人生和其他人毕生的心血交织在一起的时候，你能感受到、能看到、能听到、能触及他人怎样的一生，那是一次超越时空超越位面超越阶层的对话，去感受那些枪林弹雨，去聆听那些优雅高贵，去触摸那些斑驳古朴，去追寻那些失落神秘——艺术，就在那一霎，丰富了你人生中的那一个个瞬间。

但是人对艺术的感知是共通的，一个能看到蒙娜丽莎而泪流满面的人，绝不会在一场动情演奏的交响曲中呼呼大睡，这种感知可以是天生的，也可以是后天培养的，但是这不会影响对于艺术的欣赏，所谓大众艺术，是指能让普通大众都能从中感受到美的作品，欣赏它不需要修养、内涵，浅显易懂，普通劳动人民都能从中收获到愉悦，或舒畅，或悲伤，或愤恨。而另一种小众的艺术，需要有特定的修养才能从中读到作者想要表达的东西，这些作品受到一些国际顶尖的艺术家的赏识，使得普通大众盲目追捧，花天价买一些并不悦目的画。

反观作者，创作任何一个作品，我觉得都应该从心出发，大胆自由不受拘束，遵循直觉，完美复刻出当时的心境于自己的作品中，首先得满足自己，再考虑满足观众，如果违心创作，那样的作品自己都无法认可，又怎么期待得到其他人的认可呢？

艺术不是独立存在的，任何事物都能衍生出艺术，我特别喜欢艺术与科学、哲学的交织，有一种让我无法抗拒的美，三个同样深邃源长的科目的结合，必然是智慧、感性与规律之间迸发的灿烂之花，这些流动着的艺术的徐徐光辉，将我们的生活点缀的发光发亮，不再单调。

# 我的艺术观

2013级摄影学院 / 李梓维

艺术作为没有实体的一种存在，它融入了我们的生活中，以各种不同的方式展现在我们的眼前。

一般人们将艺术定义为一种精神文化的创造行为，是人的意识形态和生产形态的结合体。但艺术到底是什么并没有明确的定义，我们的生活中存在着造型艺术、表演艺术等，还有戏剧、电影也是艺术，艺术以这么多形式展现，各有其不同的特点，当它以戏剧、电影等形式出现在人们的生活中，它是一种精神存在，它只能存在于人的思想中被人们欣赏，或许可能会被淡忘，甚至最后消失。当艺术以雕塑、画作等形式存在时，它又作为一种实体存在，可以被人们触摸到，相比之前那种形式它更易被保存。艺术就是这样的各种形态在人类的历史中呈现并流传下去，艺术是一种精神文化并依存于一定的物质载体，它可以被人看到、听到或是摸到。总之，艺术虽无固定的形态，但它却能被人感受到。

先前提到艺术是一种精神文化和创作行为，那么对于动物来说艺术是否能被它们感受到又或是创造？目前的答案是不能。动物没有太过复杂的思想，它们都是靠本能行动，因此它们没有所谓的文化，更不用说创造，所以动物不能感受和创造艺术，艺术只存在于人类社会中。事物都存在两面性，那么艺术是否也分好坏？因为同一种艺术可能有些人会不认同，如果能抛开个人的主观理念，再去区分可能会更好，艺术是人创造的，那么它的好坏也就应该由它对人类社会的价值来评判，它能给人类社会带来什么样的改变？对人类社会的价值并不是指商业价值，例如一些艺术可能无法带来金钱，但它却能被某些人需要并给社会带来安定，那么这个艺术是有价值的是好的艺术，相反，一些艺术的存在会给社会带来不安定甚至是灾难，那么它就是不好的。

艺术是人创造出来的，它与人们的生活相联系，大多数艺术都是人们不断地在生活的实践中创造出来，同时又因为个人经历的不同，或是个人思想观念的不同而变得多种多样。艺术的诞生有着物质的基础，也有着主观上的加工。如果只是单纯的搬运生活中的东西，它可能很难成为艺术，它可能需要通过一些精神上的升华才能成为艺术，因为来源于生活中因此更容易被人们所理解和认同。如果在主观创造上较多，例如抽象派等，人们理解起来会稍难一些，但仍有人喜欢。不同的艺术有不同的价值，它来源于生活又运用到生活中去。艺术对社会有着重要的作用，它作为一种无形的力量引导着人们。如果一个人生活在充满暴力与阴暗的环境中，这个人就很容易受其影响，他的价值判断就会以负面的思想为准则，从而做出一些不妥当的行为，并且他的心理都是阴暗的，那么他可能与社会脱节，他无法以正常的方式在社会中生存，就会以犯罪的形式让自己存在。更有甚者，因为受不好的艺术影响，尽管这个人衣食无忧，但他就认为做一些危害社会的事就是对的，艺术对他的价值观造成了负面影响。艺术对人潜移默化的影响是不能小瞧的。

艺术没有固定的形态，但它能被人感知，它由人在实践中创造并运用于生活中，艺术虽无实体，但却能影响着人与社会，艺术应当给社会带来美好，给人带去心灵上的寄托。随着时间的推移，艺术也会发挥着它的核心作用，尽管是以不同的形式。

# 在取景框内创作

2013级摄影学院 / 隗合元

小说的电影改编，并不是一个单纯生拉硬套的模板式工艺，而是一个由文字到图像的再创作、再加工的过程。精彩动人的小说，可以改编成吸引观众，牵动人心的电影；而平淡不惊的小说，也可以改编得如层层浪花冲刷沙滩一样，回荡在我们的内心中，留下一波一波的痕迹，这就是艺术创作的魅力所在。而我一心向往的，正是这样的魅力。

说说我的专业吧，我是学图片摄影专业的。艺术创作对于我来说，在取景框内。以小说的电影改编作个比喻，我的创作，也可以说是一种改编。摄影并不是简单地复述着生活，那样的摄影，人人都能去做。加上艺术创作的摄影，是通过取景框，传达一个符号，一种信息，就像改编的艺术一样。我可以把简单的生活，加上我的思想，而这个过程，恰如小说改编电影的过程一样。我可以在图片中，宣泄我对于世界的感触!

这就是我的艺术创作观。

所以说，艺术创作并不是一件容易事，也不是人人都可以信手拈来就能去做成的。这其中，需要你的艺术底蕴，需要你对于经验的积累。这一点很重要，不是死啃书本就能懂得什么是艺术的。纯理论的东西，代表不了艺术。艺术，总是要加入一些个人思想，加入一些天分这些不确定的东西进去的。这就是艺术的特性所在。或许一千个字里，想表达的只是一时的灵感，但是不知道艺术的人一定会啃这一千个字，一定体会不到这其中十分重要的意思。这也是令我着迷的地方。一千个读者眼中，有一千个哈姆雷特。不了解的人一定不会了解你，艺术的不确定性也是魅力。

再说回小说的电影改编。就举比较近一些的例子吧。《小毕的故事》和《风柜来的人》改编自台湾作家朱天文的小说，讲述的都是生活的故事，从幼稚天真到成长成熟，一句话来说，就是讲述了“少年的时光就是晃，用大把的时间彷徨，只用几个瞬间来成长”的故事。但电影，或许与原著不是处处吻合，但是剧情总是恰到好处。比如说小毕的弟弟半夜哭不停，全家照偏方贴纸这件事的平添，小毕没等下课就跑出了教室，老师叫都不理，就是要按照偏方所说，整点去大街上贴纸。这传达了很多信号，比如小毕对于老师的无视，表现了他正值年少的叛逆；对于弟弟的事的上心，更向观众传达了小毕并不是只给大家添麻烦的熊孩子，还是一个有关爱之心的，能有事情认真记住的人。这种改编艺术增加了故事的趣味性，不禁让人叫好，让人喜欢看，这就是艺术。

而我正是要畅游在这艺术组成的云海中。就像我之前提到的艺术和艺术观。把我看到的，加上我的理解与思想，然后抛给你，然后让大家看到，看到不同的反应。这是一个很美妙的事情。

# 由心而生，向心而行

2013级影视技术系 / 马晓

如果人类的生命是永无止境的长夜，那艺术无疑是智者手中那个能划破黑暗带来光明的火把；如果我们的思想是沉静的水塘，那艺术一定是那尾搅动着阵阵涟漪带来无限生机的金鱼。艺术是人类所创造的最为瑰丽最为奇妙的生命体验。《后汉书·伏湛传》写道：“永和元年，诏无忌与议郎黄景校定中书五经、渚子百家、蓺术。”古人眼中，艺术是六艺以及术数方技等各种技能。随着文明进步与社会发展，艺术在今天有了更广泛的含义，文学、舞蹈、戏剧、雕塑、电影都属于当今艺术形式的种类，在人们意识中，甚至电视、游戏也在向艺术领域靠拢。

我在网上看到现在有人对艺术做出如下解释：“凭借技巧、意愿、想象力、经验等综合人为因素的融合与平衡以创作隐含美学的器物、环境、影像、动作或声音的表达模式，以指和他人分享美的或有深意的情感与意识的人类用以表达既有感知的且将个人或群体体验沉淀与展现的过程。”在我的眼中简化成一句话，艺术就是“凭借一定灵感与技巧给人们带来美的享受与感动”。这种感动一定也必须是发自内心的最真实最纯粹的感动。所以创作中我所坚持的艺术观就是“由心而生，向心而行”。

## 一、面向与背对

记得侯孝贤在北京电影学院演讲时反复强调这样一句话：“面向自己，背对观众。”我一直以为这样一位称霸金狮、闪耀世界影坛的导演一定有着难以令人亲近的气场与傲骨，但我万万没想到他竟然是这样一位平易谦恭的人，以至于后来在北电与他擦肩而过时反应半天才回想起来，这不就是之前演讲的那个导演吗？也正是如此，我才愈加相信“面向自己，背对观众”绝不是他一时兴起的随口之言；这是他历经生命起落之后，终于能以一颗沉静的心面对这个世界以后所得出的挚语。

电影也好，其他的艺术形式也罢，若要创造优秀的艺术作品，其根本正是要“由心而生”，即这种创作的欲望与精力必须来源于我们内心真正的渴望。因为在艺术创作过程中，创作者必然会投入大量精力，这种精力不仅是指艺术思考或是体力劳动，更多的还有意念的坚定和物质的消耗，更何况这些在电影创作中需要更为广泛持久的进行。只有“由心而生”，只有当这些努力与付出是心甘情愿，我们才会心无旁骛地坚持下来，直至完成整个创作过程。就好比应试作文我们总是写得干涩平庸、千篇一律，然而，在我们的博客、随笔或者电脑文档中我们总能写下一篇又一篇生动真挚的文章——因为我们喜欢去写我们喜欢的。

“面向自己”，在我眼中，这才是支撑一个艺术作品创作的源泉与基石。

## 二、“定见”

记得新生教育课上，陈山老师对我们说过，虽然我们在北电会接触到各种各样的观点，有时这些观点会互相龃龉，但最关键的是我们每个人都应当有自己的“定见”。这也就是我所认为的“向心而行”。我们在艺术学习或者创作中，肯定会被其他的观点所影响，或者将之吸收、更新，或是与之排斥、对立。但无论如何，我们都应该坚持内心的“定见”。艺术没有绝对的对与错，只有坚持自己原生的观念，我们才会赋予作品不一样的质地与灵魂，才会形成个人独特的风格与气质，进而才会保持着艺术创作多元的包容与持久的繁荣。

我是影视技术系的学生，因为专业原因平时接触了很多特效大片。很多人都认为只有《变形金刚》《阿凡达》这种电影特效才是优秀的特效，但我认为，再好的特效也需要真实与“传神”。记得电影《天使爱美丽》中，有一场戏讲的是艾米丽因为内心的退避与怯懦，最终与心中的白马王子失之交臂。我看到这里时一直在想导演会如何表现艾米丽的内心，是悲伤的音乐还是阴沉的色调？没想到的是，导演用了一小段特效，将艾米丽幻化成了一滩水洒在地上。导演就是用这摊水的特效，幽默而又精准地传达着艾米丽内心的无奈与失落。还有《黑天鹅》中，尼娜在跳天鹅湖时长出的黑色翅膀，预示着她内心的黑暗力量的增长与自我意识的觉醒；《少年派的奇幻漂流》中，那段面向海底深处的终极幻想，让观众目不暇接地沉浸在蓝色的通灵梦幻当中；《阿甘正传》开头与结尾中那根飘荡在蓝天之下的晶莹羽毛，象征着阿甘飘扬飞舞的一生与他纯洁美丽的心灵。这些跟很多人传统印象中的爆炸、飞天、人体变异等特效不同，它们是以这种贴近人性、充满创意的方式，诠释着人物的性格与命运，增强着电影本身的风格与思想深度。对我来讲，这同样也是优秀的电影特效。

也许电影技术在很多人眼中只是枯燥无味的二进制编码和一堆堆的钢铁器械，然而不可否认的是，正是电影技术的发展，人们才有条件更好地欣赏电影所表现出来的艺术感受。技术的发展更多地还是需要迎合大众的观影心理，而4K、高帧频等技术正是符合了观众观影的生理、心理感受才会日益成熟、普及。所以技术的发展更是要“向心而行”，否则反倒会影响电影本身的艺术表达。

我很庆幸自己能在这样一所独特而自由的大学里学习我喜欢的专业。电影对我来讲，不仅仅只是一段持续几小时的光影；他更是一个伙伴，我们在试着理解电影，与此同时，电影也在试着理解我们。我们的欢笑、眼泪、赞叹都是出于这种共鸣的感动。

记得侯孝贤导演在那场讲座中总结过，他的很多观念和他的早年经历密不可分。我曾经因为各种阴差阳错的原因，经历过两次复读，但每次都是坚持着自己内心最渴望最真实的选择，所以“由心而生，向心而行”这八个字在我心中有着沉甸甸的分量。“做你喜欢的，成为你想成为的”，期待我们每一个人，都能在学习、生活中找到属于自己的萌芽，看日后一片“亭亭如盖矣”的树林，必是我们一生中最难忘的风景。

# 我的艺术创作观

2013级影视技术系 / 金枫

作为蓟门桥四号院里离“艺术”二字最远的一拨人之一，我更愿意让这篇文章从“技术”开始谈起。

在创作里，技术是方法，是工具，是将千阶石板一个接一个地连起来，通向遥远处闪着光的艺术里的水泥。即使是幕后的小小水泥，也不能笼统遑论。音乐的水泥是器乐工匠的手艺，美术的水泥是绚烂颜色的萃取……

电影的水泥呢？自然就是小小的修习影视技术的我们啦。

作为合格的水泥，是不能仅仅将目光留在去处的，还得有每日三省自身的自觉——为人有尽心尽力解决电影准备、拍摄、后期制作、放映期间出现的技术问题吗？与朋友交流有求知若渴学习电影剧作、造型、声音等等各方面的知识以便了解其难，被用时更快更好服务大家吗？受老师口传身教的理工基础、技术知识、文艺理论和名家优作有经常复习巩固，以期深化吗？

答案自然是：“有的”。倒不是觍着脸皮自吹自擂，说漂亮的场面话。而是在北京电影学院里，被三千雄心壮志以梦为马的学子，在小小的校园，窄窄的路上推着挤着追追赶赶，不得不向前。有一种电影人独有，学院人独有的态度领着你、扶携着你，甚至在某些时候紧逼着你——努力、奋斗、向前。

这样的态度，早已上升到决定人生的地位。作为尚显稚嫩的大一新生，我们才刚刚加入这场征行，吊在队伍的尾巴上跌跌撞撞，踏过学长前辈们大刀阔斧探索出的阳关路，沿途拾起了不少闪光的影视精华，也抛弃了许多与行路无关的向来所爱的事物。“从第一次踏进学院大门的时候，就决定了此生以此为业”——这是一直艳羡地看着学院领头的行内泰斗们的吾辈的握拳志气。

写了技术系的自我修养，写了电影学院的学习态度，文行至此，却还没有提到题目，真是不应该。

在我看来，艺术观是相信有一触即通的天赋，更信任十年磨一剑的长久积累；艺术观是不局限于自学成才，更奋力于程门立雪；艺术观是耻于纸上谈兵的夸夸其谈，愿亲力亲为在实践工作中获取经验。

提起艺术从业的人们，说到电影学院的学生，外人多会潦草冠之以诸如无知，自负，浮夸的词语。好像只有身处在此山中的我们，才能切实体会到其间的辛苦。

晨起而舞，夜深而归，在日复一日不容喘息的课程安排里来来往往；寻师觅友，不耻下问，对每一道疑难每一点细节穷追不舍，尽其所能；跟组拍摄，熬夜后期，电影学院的学生们努力不努力，只有夜夜彻明至清晨的路灯能看到。何其幸，在电影学院学习、生活的点点滴滴给了我学院意味浓厚的艺术观念，深深浅浅地扎根在我的身体、脑海。低姿态，多勤勉，笃行尊师重道，献身薪火相传，这是我的艺术创作观，更是我的人生观念。

# 美，是一种拯救

2013级影视技术系 / 戴如意

每一朵花都拥有属于它自己的姿态————拥有属于它自己的盛开，拥有属于它自己的繁茂，还拥有属于它自己的垂败，每一朵花都有属于自己的美丽。没有绝对的美丑，善恶，好坏，每个人都拥有自己对艺术的独到见解，仁者见仁，智者见智，艺术也由此变得更加多姿多彩。也不能说谁对谁错，若世间什么都那么黑白分明，那这世界也不会如此复杂了。

那么什么是好的艺术作品呢？

用浅显的话讲，给人以美的享受，能引起人的共鸣思考，给人以力量的作品就是好的艺术作品。它必有普适性的价值，不会随着时间的长河而褪色，而是愈发地闪光。梵·高在其短暂一生中留下大量震撼人心的杰作。他的艺术，是心灵的表现。他曾说："作画我并不谋求准确，我要更有力地表现我自己。"他并不关注于客观物象的再现，而注重表现对事物的感受。但他的作品在很长一段时间内并不被世人所接受，直到19世纪末，世界正进行着一次全面的革新，人们的思想得到空前的变革，接受新事物的能力也大大地提高，才适应了人们的审美需求。

在一定程度上，美可以说是艺术的一种表现形式或是一种直接的心理感受，那么最好的艺术应该源自于生命，源于生活又高于生活。艺术中所蕴含的人文主题，如宗教、道德、幸福、生死观、冲突以及自由等话题，包容了复杂的生命。欣赏艺术作品时，人们会进行自我的选择与思考，但是电影也是独特的，它可以用非常独断的方式让我们接受一系列被选择过的画面。在固定的节奏中，我们很难有思考、反省或选择。所以电影是对人有很大主宰力的一种艺术媒体。它利用人们视觉暂留的幻象，在一张银幕上营造出人生的悲欢离合，制造出恐惧、紧张、滑稽、感动的各种情绪，使观众哭笑。它也以强大的力量主宰着人类的思考方式与价值观。

但不管如何，一部好的艺术作品能给人一种美的感受。而美，其实是一种拯救。最美的拯救来自于情感。亲情，友情或者是爱情，不管是什么情感，总是会给我们以慰藉，带我们渡过难关，给人以正能量。人总会有消极孤独寂寞的时候，这个时候，我们就需要遇到一篇文章，一首歌或者是一句诗。作家宗璞在“文化大革命”之后，弟弟重病不治之时写下了《紫藤萝瀑布》一文，为我们描绘了一片辉煌盛开却似陷在忧郁迷雾中的紫藤萝，灿烂到极致却有着挥之不去的忧伤。那种忧伤，也许只有着相似经历的人才可以体会得到。可是，是紫藤萝太闪耀了吗？作者最后也不禁为它的蓬勃生命所感动，写下了“花和人都会遇到各种各样的不幸，但是生命的长河是无止境的。”这样的句子。而史铁生用残缺的身体，说出了最为健全而丰满的思想。他体验到的是生命的苦难，表达出的却是存在的明朗和欢乐，他睿智的言辞，照亮的反而是我们日益幽暗的内心。

在职业批评家看来，《飘》至今仍然是电影制作史上的一个里程碑，尽管一名当代的观众也许会觉得它里面的一些东西太过伤感和陈旧。批判性的思考者并不会忽视这些不足，但是他会把这部电影放到1939年的语境之中，欣赏它那些迄今仍然可以给人们提供享受的东西，比如（对于那个时代来说）它对颜色的那种奇迹般高超的运用、气势恢宏的交响配乐，还有费雯丽扮演郝思嘉在今天看来仍然令人赞叹的表演。所以对一部艺术作品的评价必须立足于那个年代，若用现在的观点看，有些东西可能是稚嫩幼稚的，但在当时是弥足珍贵的。不管一件特定的作品属于过去还是属于现在，我们若事先认可它所有的观念和技巧后才能欣赏它的真正成就。

言而总之，给人以美的感受，能引起人的共鸣思考，给人以力量的艺术作品就是好的艺术作品。它必有普适性的价值，不会随着时间的长河而褪色，而是愈发地闪光。每个人都拥有自己对艺术的独到见解，仁者见仁，智者见智，艺术也由此变得更加多姿多彩。我们所能做的便是尊重。

# 我的艺术观

2014级表演学院 / 孟欢

在我大二这半年的艺术创作中，有一种心理状态是非常神奇、令人向往的。当我获得这一心理状态的时候，突然之间有茅塞顿开之感。通过这一年的学习，我觉得灵感这一东西，在艺术创作中占有非常重要的位置。

灵感的来源归因于外界物质的刺激，受到某种特定物质的刺激，就会来灵感。这种物质有内服型，有外用型的，还有内外兼用型的。灵感通常来得快走得也快，但是不要以为灵感来得如此轻松。在它到来之时，有着漫长、艰辛的积累和沉思。灵感来临的一瞬间只是长期积累的一种突破。在此之前，你可能苦苦积累，冥思苦想，上下求索，但却是百思不得其解。正当你感到“山穷水尽疑无路”的那一刻，灵感忽然而至，顿时获得“柳暗花明又一村”的豁然开朗的境界。因此，灵感需要长期的积累，艰辛的探寻。在表演过程中，我总是快速迅猛地抓住灵感，不让它溜走，将它完美地贯穿到我的艺术创作中。

在灵感中完成的艺术作品，事后往往无需多加修改。它们的形式是那样完美，它们的结构是那样和谐，它们的韵律是那样美妙，一切都仿佛只能如此而不能是另一种模样。灵感是突然迸发又倏忽而逝的，在灵感没到时就算你满腔热血也是无济于事。所以，在灵感到来之时，你的状态，也是至关重要的。创作都要有个状态，状态自然就不成问题，可具有一定努力后，再进步就很难了，所以学习先进经验，弥补自己的认识不足，然后再回到创作中，通过对生活的观察，这种办法会很快解决问题。即使遇到困难，千万不要失去信心，导致半途而废。

有着好灵感有着好状态，那么我的艺术创作将会如行云流水般顺畅。

# 从心所欲不逾矩　放荡不羁爱自由

2014级导演系 / 王鹏

任何艺术门类的学习都有一个方中求圆的过程。这需要从心所欲的情怀，也需要不逾矩的警醒。

从心所欲不是放荡不羁，是一种内心的指引，是人格的高度体现。说风格即人格，在艺术家的作品中也能体会到他个人的品质。比如弘一法师的书法，了无牵挂，没有丝毫的烟火气；八大山人的绘画中充满了桀骜孤冷；颜真卿的字往往给人正义凛然的感觉，其作品都是其人格的体现。在西方的绘画中，各种流派主义某种程度上就是各种人格的归类吧。

每个生命的个体都可以视作一件艺术作品，因为人的生命只有一次。生老病死，不尽相同。为什么不把自己的一生当一场大戏来看？

何况本来就是这样。

《地藏经》的开篇有一首觉林菩萨偈：

譬如工画师　分布诸彩色　虚妄取异相　大种无差别
大种中无色　色中无大种　亦不离大种　而有色可得
心中无彩画　彩画中无心　然不离于心　有彩画可得
彼心恒不住　无量难思议　示现一切色　各各不相知
譬如工画师　不能知自心　而由心故画　诸法性如是
心如工画师　能画诸世间　五蕴悉从生　无法而不造
如心佛亦尔　如佛众生然　应知佛与心　体性皆无尽
若人知心行　普造诸世间　是人则见佛　了佛真实性

心不住于身　身亦不住心　而能作佛事　自在未曾有
若人欲了知　三世一切佛　应观法界性　一切唯心造

我觉得生活会教给我们一切，你要做的就是相信未来，热爱生命。

# 我的艺术观

2014级导演系 / 左一凡

艺术，总会说到的一个词，可突然让你解释，什么是艺术？你的艺术观是什么？我还真说不上来。

可还是有人说了。中华奇石馆馆长李文科介绍：我们将“艺术”定义为人类通过借助特殊的物质材料与工具，运用一定的审美能力和技巧，在精神与物质材料、心灵与审美对象的相互作用下，进行的充满激情与活力的创造性劳动。可以说它是一种精神文化的创造行为，是人的意识形态和生产形态的有机结合体。

看来艺术真的是包含太多东西，又有太多创造的方法和途径，有各种各样的载体。李馆长想是斟词酌句了好久，才勉强用了这么一大段话，尽量去涵盖完全。可艺术一直在发展，从音乐、美术这样的单门艺术，一直发展到戏剧、影视这样的综合艺术，且各个门类的艺术也在时代的进程中不断变化，在科技等多方的助力下不断向前。想来这段精彩的定义，不知到了哪年哪月，就又不够严谨了。

然而无论何种艺术，哪个年代的艺术，在我心中，好的艺术，是美的，是能带给人触动的。

一幅油画，画的是黄昏时分，风吹麦浪，云霞微卷，我们自然说它是美的；一首音乐，唱的是美好的爱情，纯洁动人，我们自然说它是美的；一座雕塑，将母亲怀抱着婴儿的一瞬定格下来，我们也自然说它是美的。生活中有太多美好，生命中有太多风景，我们往往不满足于经历过就好，总还是想要把它们记录下来，也想要与别人分享。这种记录，这种创造，便可通过多种形式艺术地实现。然而，很难想象，有人指着一滩腐臭的垃圾，或是一部歌颂人类丑恶面的作品，告诉我说，那是艺术。至少在我看来，艺术不应该是纯粹的虚假与丑恶。当然，并不是说艺术之美，就一定要是看起来风和日丽、善意湍湍的。艺术的素材，甚至是最终呈现的表象，都有可能是不堪入目的丑恶事物。例如电影《西西里的美丽传说》，极致地刻画了片中小镇居民人性中不善的一面，我们却不能说这部作品本身是丑的。因为不难看到，创作者对待其中丑恶的一面采取的是揭示和批判的态度，其本质上，还是呼唤和歌颂真善美的。艺术作品创作的方式多种多样，无论是直抒胸臆地表达美好，还是另辟蹊径地抨击丑恶，都能达到“美”的目的。

优秀的作品，要给人带来触动。这种触动，或深或浅，或大或小，总之是要有的。触动，其实就是创作者的心灵与欣赏者的心灵进行交流的过程。这个交流，可能是共鸣，例如我看到一幅美丽的风景摄影，便觉得“好美”，想必这也是拍摄者看到风景时要举起相机的理由。这个交流，也可能是思考，甚至思考后的争辩。艺术通常是很主观的，尤其是文学、电影一类的作品，虽书中人物大多为虚构，可也都暗含了作者对人、对社会、对世界诸多问题的看法。读者或观众看到故事后，便会产生思考，尤其是意识到作者的观点与自己不同时，就更愿意去思考，不一定非要争个你死我活，至少也是多认识到了世界的一种可能性，完善了自己。浅层的触动，可能只是欣赏者随口带过的一句“我喜欢这幅画”“我不喜欢他的文风”，深层的触动，则会给人带来难以想象的影响，这个影响，甚至是社会性的，世界性的。例如韩国影片《熔炉》，取材于真实的性侵未成年人事件，影片上映后社会反响强烈，当年的案件被再一次推到了舆论的风口浪尖。最终，韩国出台了《熔炉法》，推动了对未成年人的保护的法制建设。同样，亦有很多艺术作品在其他方面改变着这个世界，如科技领域，也或多或少受到过一些科幻作家脑洞大开的预言或开创性的启发。

这就是我对艺术，对好的艺术的一些浅显的看法。随着年龄增长，阅历增加，如今的这些文字，在心中不知又会发生怎样的变化。不过，我自然会一直感恩，这个世界有这么多，这么好的艺术作品。

# 我看艺术

2014级导演系 / 白润青

构成艺术家的三要素是：智慧、孤独、创造。而艺术观是指艺术家对文学创作和现实人生这两者关系的总体认识和总体态度，而决定这种认识和态度的则是艺术家对艺术的价值、功能和在人类的精神生活中应负的使命的看法。

作为一名来自普通高中的学生，走进电影学院，让我感受到强烈的电影艺术气氛。中国文化中，对宇宙本体的认知活动是通过“本体”人的“自我意识”的认知而实现的。

我认为，艺术的形式是事物关系的显现。关系之本即是由朴素辩证法的阴阳关系而生成的中国画黑白系统。《老子》讲：“知其白，守其黑。”白是显现光亮，黑是隐匿黑玄，绘画掌握了所显现出的事物关系，才能隐匿住自己的真本，使表现对象增加蕴含的层次与质量。白是黑的扩散，黑是白的凝聚；黑是实，白是虚；黑是密，白是疏，两者既对立又统一。所以黑与白是中国画家成功的圣光。而艺术语言要有独立的价值。无论是在形式处理、空间虚实的处理上，还是色彩处理与造型处理上，每一个局部，每一个语言符号，都应具有独立的审美特征。同时，在大关系处理上也应强调语言的连续性和变化性，使得全篇整体、稳定，统一中有变化，形成一种有序、有情感的整体体验感受，并使之具有抽象的逻辑关系和心理关系的视觉化。这一逻辑关系的内在整理和自我演化，形成画面上的秩序、结构和系统。

我对艺术的追求，在于对人生的追求，将想象转化为现实，目的与现状因贯彻于过程而得到了实现，创造了主体的价值。而在价值创造过程中，自由的精神是体，价值的创造是用。于是自我或自由的精神或自由的个性具有了本体的性质。而我对自由的追求也从未停止。

艺术是一种只可意会，难以言传的神奇，需要用自由去诠释她，用人生去追求她，去展现她的魔力。

# 我的艺术观

2014级导演系 / 朱奕洋

谈起艺术，在没有进入电影学院前，会觉得这是一种玄乎的摸不着套路的东西。像有些画作，或是几根线条，或是几片色块，甚至是白纸一张，却往往能被世人所称道。即便现在，我还是不能理解这种艺术。但迈入电影学院了，也算是进入了学习艺术的行列，也便必须直面艺术观这个问题了。这就像每个人都必须有自己的世界观、价值观和人生观一样，我的艺术观大致和老几辈的艺术观相似，大致是艺术来源于生活，又高于生活。因为我觉得，人作为万物的灵长，宇宙的精华，必然要成为所有艺术作品的主体对象，事实上也是如此。生活中有着形形色色的人，做着形形色色的事，每个人都有着自己的故事和生活体验。艺术工作者或者说电影工作者要干的就是深入生活获取这些体验，打开自己所有的感官细胞去体会去感悟这些生活片段，然后做出带有自己独特视角，有足够深度的艺术性总结，最后动用身边的资源进行艺术创作来呈现这些能够触动人心引发共鸣的人生感悟。

但提到资源就不得不谈及商业元素和艺术的关系，这也是历来艺术工作者必须面临的一个问题。因为人必须满足自己的生存需要，而艺术工作者在满足自己生存需要的同时，还需要大笔开销来达到创作或者体验的目的。因此说一个艺术工作者如果不考虑商业元素，而是做纯艺术的创作那是不太现实的，除非从一开始就做好了为艺术献身的准备，做好了过有上顿没下顿的艰苦生活的准备。就我个人的理解，艺术和商业并不能折中。要做就做极端一些，做商业，就像《阿凡达》《诸神之战》《复仇者联盟》那样引人入胜；做艺术，就像《一次别离》《谜一样的双眼》《五月碧云天》那样细致贴切。当然如何处理这个度的问题，还需要时间和实践去探索，毕竟一个做商业的电影人很难做出艺术的东西，做艺术的却又很难做出商业的东西。这确实是一个长期的值得探索的问题。

曾经在确立自己人生观的时候，也就是一个不断地问自己“人活着到底为了什么”这个问题的过程，借鉴到了世博会里信息馆的终端的工作形式。它会收集你在参观场馆过程中的种种表情并收集到终端的小灯笼里，让你在离开时看着灯笼回想起自己参观的种种记忆片段。所以我觉得吧，人活着就是为了能够有更多的生活体验，或者说是去经历更多的事，让自己在离开这个世界的时候脑子里能闪过更多的“灯笼”，回顾一生的喜怒哀乐，然后平静地离去。自己之所以选择了加入电影工作者的道路，因为电影作为一门综合的艺术，必须深入体察感悟生活，这样就必然会带来更多的人生经历。但在接触学习后才发现，做电影并不是为了增加经历，而是有过丰富的经历后才能做电影，这一点是任何时候学院都在强调的。所以艺术来源于生活，只有不断感悟生活的内涵，才能创作出优秀的作品。

虽然说艺术来源于生活，但它又确实是高于生活的。也就是说光有丰富的生活阅历还是不足以创作出好的作品，还需要做一些艺术化的处理。可以是形式的夸张，也可以是内涵的深挖和主题的影射等。这些都需要从现在开始去踏实地学习，打好基础，以便将来在使用这些形式的时候能够得心应手。

说白了，艺术并不是抽象的，而是具体的个性化的处理方式。如何掌握这门综合的科学，还需要在今后的道路中摸索。

# 艺术不容易

2014级导演系 / 苏尼尔

年纪轻轻，不懂什么叫艺术，至于艺术观，更谈不上，只是自己上大学后开始专业接触到艺术，心中有些感想。

艺术不容易。很多人觉得艺术是一种状态，一种生活方式，一种虚无缥缈却又如影随形的东西。可是当我真正开始艺术时，我发现艺术是那么的具体，充实，且富有质感。总有人觉得只有当作品呈现时才叫艺术，但我认为，从脑中开始浮现画面到最终完成，这一段过程都是艺术。换句话说，要拍短片，想剧本，找景，联系演员，搬道具，置景，开拍，剪辑，这些工作都是艺术的一部分，而并非单单是放映时才叫艺术。所以说艺术不容易，这些不容易往往深藏在幕后。

艺术不容易。很多人觉得累只是指身体的疲劳，但自从我开始学艺以来，最累的往往不是身体，而是心里。拿表演课来说，练习基本功着实很累，但我们都明白，要演好一个角色需要走进人物内心，这就意味着需要感受人物的悲伤，快乐以及一切细微的心理活动，而往往当自己没有类似生活经历时，就需要调动自身的间接经验来让自己情绪达到状态。这个过程非常磨人，调动出来还好，可要是调不出来，那对心理真是一种煎熬。

艺术不容易。艺术是要忍受孤独的。我记得在我艺考之前，几乎就没有一个能跟我真正聊电影的朋友。不是说他们不看电影，只是他们把电影仅仅当作爆米花，吃完就扔。可是我却喜欢一遍遍地看电影，看到台词倒背如流，情节烂熟于心为止。应该是没人愿意跟我一起干这种事的，至少之前没有。所以说从小学开始，我每天下午放学后就霸占着电视和DVD，一看就是一下午。逐渐地，我发现自己离身边的朋友越来越远，于是我便去接近他们，可是直到那时我才明白，不是我疏远他们，而是他们在疏远我。可能就是儿时这种环境让我能安心培养艺术的兴趣，可细细回想，这种儿时的孤独确实是一种缺失。

艺术不容易之处还有很多，每人的看法也不尽相同，无法一一列举，但天下没有容易的行当，只要克服不容易，就能在自己的领域成功，这样看来反而简单了。

# 何谓经典？

2014级导演系 / 苏弘毅

不论是文学、电影、美术还是音乐，当它们的前头冠上“经典”二字，往往会造成困惑。很多人会不停地问：“它为什么是经典？”然后抱着这个问题去一睹经典的风采。可到头来，常常是问题没有解决，问号反而越画越大。而我就是这些人中的一分子。

我会干瞪着屏幕上放的《愤怒的公牛》，然后一边在心中默念“斯科塞斯”“德尼罗”，一边悄悄地把它归到最“难”看的拳击电影中去；我会在听瓦格纳的《尼伯龙根的指环》时昏昏欲睡，直到第四乐章那段被《现代启示录》用作配乐的旋律响起时才嘀咕一句：“听着好熟。”然后接着昏迷；我会一次次拿起《双城记》重温那段名垂青史的开头，却没有一次不在读接下去几行时意兴阑珊，无奈放弃。至于美术作品，碍于少得可怜的了解，在看到别人的评价之前，我是绝对闭口不言的。

然而不论看不看，听不听，理解不理解，经典就在那里。不论涉及什么领域，只要稍微深入一点，就必然要去接触经典。为什么？因为经典是经历了无数人的检验，经历了时间的淘洗的。这就注定了经典是好东西。艺术作品何其多，要欣赏，自然要看好的，要创作，自然要借鉴好的。从这方面讲，经典之所以为经典，之所以备受推崇，其原因是显而易见的。

可为什么许多人难以理解经典，甚至打心眼里不认同经典的地位呢？个人认为，原因不外乎两方面——一方面出于经典作品本身，另一方面则出于这“许多人”身上。

如前所说，经历时间淘洗是一个文艺作品成为经典的必然条件。因此，经典往往是距现今有一定时间距离的作品。随着时间的流逝，技术、创作理念、人的审美情趣不可避免地发生变化，这势必会使作品的价值和质量在现今的评判标准下显得水准不高，或者会使作品本身变得不易接受。所以在欣赏这类作品时，单纯考察其价值和质量绝对是不够的，必须将其历史意义也纳入评价体系之中。

经过现代视效大片轰炸过的眼球如今还能忍受1933年版《金刚》略显滑稽的定格特效、一眼就能辨出真伪的粗糙形象吗？估计对绝大多数的观众来说，很难。但这并不妨碍1933年版《金刚》的经典地位被一次又一次的肯定。它在电影特效史发挥的巨大的推动作用，以及所呈现的极具启发性的“金刚爬上帝国大厦顶”的视觉奇观，使得它不仅成为电影发展史上标志性的一环，而且至今刺激着艺术家创作的灵感。

文学、美术莫不如是。也许某种叙事结构在现在的读者看来已经是平淡无奇，丝毫勾不起阅读欲望，但是当它第一次出现在某部作品中时，这一“某部”作品，自然会因为其开创性而拥有特殊的地位，但它却可能被不了解背景的读者视为平庸。第一张使用某种技法从而启发之后作品的画作，也可能会因同样的原因遭到误解。

艺术是主观的。无论是创作的过程还是欣赏的过程。人人都有说一个作品好或者坏的权力。说到底，经典亦不过是大多数人认同的作品。但在此基础上，这类作品对其鉴赏者必然会提出一定的素质要求。如果单有认同，我们会说一部电影好看，一首歌好听，但只有加上要求，好看的电影和好听的歌才能升华成为经典。而这升华的过程，往往便成了鉴赏者与经典作品之间的隔阂。

然而经典是一定要接触的。可甫一打照面，它又总是那么一副拒人千里之外的模样。那么，如何才能逐渐拉近自己与经典的距离呢？

高中的时候一同学问我，“《教父》到底经典在哪？”我不假思索：“豪华得令人发指的阵容和伟大的表演足以让我把这部电影翻来覆去看好几遍。

看见网上有人毫不客气地说：《2001：太空漫游》无聊至极，我便在心里驳到：君不见其叹为观止的特效和对宇宙孤独静谧的感觉的完美营造？

这就是我接近经典的方式。我不明白为何一部影片地位如此之高，但我可以用我能理解的视角去发现其中足以称得上经典的闪光点。

我不知道《肖申克的救赎》为何被誉为“完美”，但我看到了它成功地讲了一个感人至深的经典故事；我不知道《阿拉伯的劳伦斯》为何伟大，但我会被那不合常理的超级远景震得目瞪口呆；我不知道《猎鹿人》为何叫作“猎鹿人”，但其中描绘的战争对人的摧残却深刻而沉重……

我的艺术观尚未形成，大多数时候，当我看到一部作品，我无法用一套成熟的标准体系去评判它。尤其是看到经典作品时，它本身的地位和他人的评价不但令我难执一词，反而时常陷入自我怀疑。但对于经典来者不拒——这是我认为构筑艺术观的第一步——至少我已经迈出来了。而形成一套自己的评价体系，对一件艺术作品或文学作品做出自己的判断，并最终能影响他人的观点，这应该是最后一步。

到那时，再度审视曾经的经典，也许会对其有新的认识，并敢于指出其中的不足。然而，对于经典的不接纳必定是在对其的接纳之后的。

# 人最真实的情感

2014级导演系 / 李昌荣

如果要我谈自己在艺术上最大灵感，我的灵感就是人。对我而言，一部电影里没有所谓的英雄或反派。反派人物虽然在故事里都被表现得恶毒、无情，但是在现实生活里，冷酷无情的杀人犯肯定有他的人性的一面。人的情感是非常丰富与复杂的，如果说要真正地了解人，我相信耗尽一辈子的时间都不够。

我是在五年前十八岁时接触拍摄和图片摄影的，图片摄影是我的一个爱好，通常周末时就会和几位好友出去拍照。刚开始的两年，我经常扛着相机和沉重的三脚架到新加坡的各个漂亮的景点拍美丽的风景照，有日出、夕阳、蓝天白云，等等。这些照片发在社交网的时候都有许多人点赞因为照片的颜色鲜艳，漂亮，大家都赞不绝口。有一天，我和好友们拍完照后便和他们讨论，我们下次应该到哪拍。这时大家都纳闷着这个问题，因为新加坡非常小，该拍的风景我们都拍完了。我就和朋友说，下次再讨论吧。在回家的路上，我从苹果iPad里看两年前拍的照片。我脑海里突然冒出个想法，思考为什么自己会拍这些风景照，拍得漂亮，社交网里得到那么多赞到底有什么意思。

我想了好几天，便打算一个人拿着相机到街上拍人，从那次的经验里我体会到我两年前拍照时没有的感觉。我的收获非常多，在拍照的过程中我能和我的拍摄对象聊天、交友，我能观察到很多人最自然的情感，而这些都会捕捉在我的画面里。我的摄影经验对我拍片的创作有非常大的影响，因为这些经验不止带给我画面感的帮助，最重要的是它让我有机会到外头观察人物。我不相信一个没看过真人哭的导演能拍出一场感人的哭戏。我认为一个故事的核心肯定是人，因为每一个人都是有故事的。在大街上随便一个人，他在干的那件事就是一个故事，只是在创作时，我们需要以我们的专业手法把故事刻画得更精致。

我为什么一直反复地提起人真实的情感，因为我认为情感是人的国际语言，是本质。我认为在一个电影里除了故事的戏剧性，情感一定要真实，因为一旦故意刻画就会变成煽情。在电影里最大的魅力就是静，很多信息与感情是不需要靠台词表现的，因为在现实生活里，当我们感到伤心时，我们也没大声地说出来。

# 我的一点艺术观

2014级导演系 / 罗钰昕

我觉得艺术，归根结底还是得落到做人。换个角度来看，艺术也可以理解为人生观。一件艺术作品抛开外壳直至内部，最终看到的也是一个关于人的情感的核。而这些东西是随着年龄和阅历的不断增长的一个量变和质变的过程，所以说我能表述的也只是到目前为止我能理解到的一些对事物的看法，小归小，但它也的确是我的一点艺术观。

上个月在北京度过了19岁生日，这是第一个没有在家过的生日。一个普通的19岁男孩，没有经历过什么时代动荡，没有经历过生离死别，这样的我有什么资格来高谈阔论什么艺术观呢，我有的只是对自己生命的理解和一些微不足道的间接经验。但我也不是说想否认自己的一切经历，这些应该都是一个人最基础的感知能力，如果连自己都不能有一个良好的把握，你怎么还能创造出感动别人的东西来呢。每个人都有每个人不同的生命轨迹和感受，我很感激我的这十九年带给我的一切。但这不同的生命轨迹总是会有情感的共同交汇，因此，我想强调的是我还不具备创造艺术的那种能力，但我还是相信我对艺术、生活的感知能力的。眼高手低的不足，正是我大学四年要去攻克的地方。

我不喜欢给自己加上什么标签，但我确实是一个理想主义者。我读诗，我觉得电影也可以拍得像诗一样，我很喜欢姜文的《太阳照常升起》，我觉得这就像一首诗。我认为拍电影也是一个很具有诗意的行为。我从一个被我遗忘出处听来了这么一句话："世界上最浪漫的事情是革命，如果不能革命的话，那就去拍电影吧。"我觉得好电影就像陈丹青说得那样，"一看就想笑，一看就想哭。"我为那种真情实感所感动。

九月，我怀着无限的憧憬来到了电影学院，成为一名导演系的学生。不能说是清楚地认识到了现在中国电影的现状，但至少这里改变了许多我之前对电影的认识，电影的商业性大轮从我的身上滚过，我知道这是事实，但我认为电影即使作为商品，它的核心也是感情，一个好的商业片也是可以触碰理想和诗歌的。

然后我发现拍电影不是写诗的过程，没有一气呵成，这是一个过程复杂的马拉松，体力活。我也因此更加敬仰那些电影大师，因为这个过程有时是如此地残酷，思想性的传承也实属不易，我对电影也更加虔诚。但在某种意义上，我之前认为电影的纯粹性，在我的心中得到了某种程度的削弱。但我依然可以感受到那种好电影带来的醍醐灌顶。

上了两个月的课了，很忙，但真的没有读到什么书。恰逢文学课的到来，大师的杰作将我拔高到精神世界，好久没有感受到这种全身心投入到思考中的快感了，读好作品就是像充电，愉悦。一下子觉得文学才是一种纯思想性的创作，天马行空，纯粹地表达感情。毕竟文本也确实是影像表达的基础，我对文学也是虔诚的，好作品也是有质感的，把握着那一条质感周线的，还是人生的完整和情感的高傲。卡夫卡就是将一生献给了文学，不让他写他就活不下去；欧·亨利生活在当时美国社会的底层，才能领会刻画那种让人心痛的底层情感；奥尔罕·帕慕克也是张开了自己的感官去感受自己的社会，才能表达出一个时代慢慢走向消逝的无限悲哀……然后你会发现表达原来如此地充满乐趣，只不过经过了那么久的语文迫害，好像自己已经变得不会表达。满肚子的东西都想往外输出，可一到文字转码就老是死机。欠火候啊。好想讲一个故事。

我不觉得我现在就可以被别人或者自己看成一位准导演，也觉得自己也并不是一名和普通观众有区别的电影欣赏者。整个电影，包括在大的艺术范围内，一切作品都是平等地放在每个人面前的。只要能感受，这个东西就是属于大家的。每个人都可以爱电影，我也热爱电影，希望可以成为一名电影创作者，希望能踏踏实实地从电影学院学到真正的东西，但这也绝不是一种身段。如果自己都养不活自己，却来谈艺术创作，我觉得不现实，也可耻。当然电影学院几个字也不能阻碍我在自己生命道路上的前行方式，或许我也没做上电影，但也能开心过一生的话，也是幸福，也是浪漫。毕竟集体主义需要诚挚，而个人主义才得极致。艺术它就是做人，得诚挚。

我从小就梦想当一名飞行员，刚到北京的时候我最喜欢的地方是机场，因为那里就是梦，那里也是离家最近的地方。机场好像不是北京，而是另外一个独立存在的空间，那里包含着对家乡和过去的所有思念。冬天终于来到了，在叶子掉光的时候，北京城终于向我露出了它的脉络。我也不想退学了。一切好像也没有我想象得那么糟。

真正开始和北京发生了交集，让人高兴。

今年过年我爸送给我了一份大大的礼物，一共九大本笔记本，从我出生到成年每一天的成长笔记，茫茫大雪中扫清了我走过的路，一直带我回到了大树的根基、我的源头。我热泪盈眶，深感庆幸。我今年十九，我张开了我的全身感官要体会到来的一切，我的体内还是有热乎乎跳动的心脏和一双还会热泪盈眶的眼睛。

年轻就应该多去看看世界。世界的生活巨流就是故事的开始。没有了情感，也就没有了我热腾腾的关于艺术的看法。模模糊糊，自以为是，但一切都是真情流露。

# 亦真亦善尚亦美

## ——我的艺术观

2014级导演系 / 耿嘉琪

动笔之前恰好重温一部儿时至今最爱《音乐之声》。之前看了无数遍DVD官方繁体译制版，这次离家，只得看了网络字幕组译制，开篇即是一行小字：

又译《真善美》

霎时恍悟，多年来，即使片中台词早已烂熟于心，也依旧动容如初见。

影片如此，艺术亦是。

### 一

其实父母并没有意识到从小对我艺术培养，他们没想到，艺术的兴趣教育最后竟成为我专业的向往与追求。但，艺术观，也许并不是只有从小到大艺术的学习中才会有所培养，在我看来，似乎是先有人生观，再有艺术观。

小学数学老师是我曾经最喜欢的老师之一，她板书美观，形象出众，谈吐谦谦。至今记得，开学第一天，她并没说任何对我们数学学习的期望，而是跟我们说，她是教书育人的老师，她也有最崇拜的偶像，是教育家陶行知。她希望我们记住陶行知先生的一句话，转身便在黑板上写下：

千教万教，教人求真。千学万学，学做真人。

当时的我并未意识到这句话所谓高深的含义，然而若干年后，这句话仍是久久不能忘怀。这也许就是我人生观的初步养成，艺术观也是如此。当我选择了电影作为我的专业起，似乎就注定了要做一个“向外”的艺术工作者，正如同教师，一个传播知识，一个传播艺术，“真”是基本。

小时候看过不少电视剧，有严肃的《雍正王朝》，也有戏说的《戏说乾隆》，艺术见解尚未形成，但“戏说”帽子一扣，便可得知，欢笑有余，真实不足。其实现在的我回想起来，并未觉得“戏说”一类电视剧、电影的存在即是错误，欢笑保留，也是好的，但内容过分扭曲历史，扭曲名著，从一开始就偏离了艺术的轨道。比如同是“戏说”，《戏说聊斋》甚至出现了将文弱书生演绎成风流才子的桥段，我无法对此类电视剧妄言，也许创作的初衷的确是给观众带来消遣，但过度扭曲带来潜移默化的影响是可怕的。

高中在排演话剧时看了不少老舍、巴金以及曹禺的作品。其中看到过一篇巴金自序。半个多世纪以来，巴金一直在重申，艺术就是要“讲真话”，在我现在这样一个成熟不足感性有余的年纪看来，艺术创作者要有真情实感，描绘的具象要真实客观，感性与理性并不是要束缚住幻想的空间，但客观实在和主观真挚的并存毫不矛盾，都是基于一个“真”。

在这样一个飞速发展的大时代，平日里人人都有不同的面具来保护自己，闲暇时光摘下面具，用一颗本真毫无掩饰的真心进入艺术的乌托邦抚慰自己，谁会又想再次被虚情假意所包裹呢？

## 二

子曰：“质胜文则野，文胜质则史，文质彬彬，然后君子。”

此所谓儒家讲：“文质彬彬，尽善尽美。”

“君子”对于孔子而言本就是理想人格，然而，在我看来，孔子这一番对“文”的阐释就是他对于艺术之质的理解，所谓“质”可能便是内在。万物之情皆发于善，而艺术精神之下，寄情万物，皆以养德。

“彬彬”则为礼，有礼而有善，大善即君子。我并不喜爱暴力式的艺术，比如曾看到新闻，一个当代艺术馆中将污秽未加处理的尿池命名为《泉》，并大肆展示，这是对现代人知觉的讽刺，或许这便是艺术的“不善”。创作者将一己之快凌驾于大众艺术审美之上，还妄图让众人接受甚至承认其为先锋艺术；还有艺术家跪在地上用舌头舔净五行中的物体，将其称作“对自然的尊重”，围观者的不适感早已说明一切；北京还曾经出现一棵封闭的树，展示一个在里面吃喝拉撒数天的诗人……如此种种，拙浅认为这并不是所谓艺术，艺术定会善及大众，用一种尊重的方式，将善意传播。个性固然重要，但哗众取宠就是对艺术的亵渎，这更不是“艺术君子”的作风，彬彬而雅地表达，留给大众自我判断与选择的权力，提升非艺术行业爱好者的审美修养，才是真正“有质”“善意”的艺术应该有的行为。

## 三

画家安格尔曾说：“世界上没有第二类艺术，只有一类艺术，那就是永恒的美与自然。”也许他想说的是什么是艺术，但他仍是将艺术归结为“美”与“自然”。

人们总将艺术家看作是美的缔造者，而真正的美则还是要大众所接纳的，它时时刻刻都在向我们传递着一目了然的美感，这种“一目了然”当然也包含“隐晦”的美，这种矛盾的说法在我看来其实并不矛盾，大众愿意去接受，愿意为这份隐晦思考其背后的美感，这便是好的、美的。现在总能看到只仰望星空的美，或许是我的鉴赏水准不够，孤芳自赏的也不是不认同，但我确实难以引起共鸣。所谓“阳春白雪”，又所谓“下里巴人”，其实两者的美感纵然天上地下各有不同，但两者都是让大众能有所评判的，共同之处也显而易见——都是大众的美。艺术创作者也许并不比艺术欣赏者高明。德国作家埃尔温·斯特里马说过：“我愿意看到的艺术作品不是那种花瓣很多，往往没有香味的园中玫瑰，而是生着五个花瓣的芳香馥郁的野蔷薇。”或许艺术真正的美感，正是蔷薇生长的篱笆，带来亲切温暖与实感。

我甚至浅陋地把“一切美好的事物”定义做艺术。再者说，我愿意把“一切具有真善美的事物”定义做艺术。且不说艺术如何，艺术观亦如何，艺术本身就源于生活，发自内心。如果将生活操持打理得“真善美”一些，心灵整理呵护得“真善美”一些，那或许我自己的艺术观也会随着生活而格物升华，也会随着心灵而真挚温暖。

# 艺术家们聊什么

2014导演系 / 黄楚越

艺术家们吃火锅抽烟喝酒骂脏话，聊毛肚聊扎啤聊布鞋聊服务员，聊名著聊音乐聊打字机聊爱因斯坦，聊星星聊月亮聊宇宙飞船聊阿波罗号，就是不聊艺术。那么艺术家们聊什么？

首先，我想引用一段我与一位好友的对话：

“我现在很为自己着急。”

“知道就好，光阴易逝。留心生活吧，多些自我和创造。”

“可是我的头脑里一片模糊。”

“所以你就停下来啊。停下来看看周围的人做什么，同龄的也好不同龄的也好，这个城市又在做什么，天色是怎么变的，路边的面摊是怎么煮面的，恋人是怎么吵架的，鸟是怎么飞的，公园里的叶子又落了多少，路上的老爷爷又多了多少……”

“……”

“是要着急，但是要找对急，找不对的话就停下来。”

“怎么停。”

“走路。”

“……”

“哪怕走得想哭。”

“……”

“不是走很多路，而是体会在不同路上的心情。你会看到人们的着装和心里的按钮，周围的树，新房子老房子，食物的香气还有夜晚的灯光。”

“我杂念太多。”

“所以走路啊。走着走着就静了，静得可以感受风的弧度、人的心情、花的姿态。一个人走路是孤独的，刚好心就可以用来盛放四周。那个时候你就会看到自己了。”

我们是那么的庸俗和现实，总是在想着要成功，要作品得到肯定；要导出大片，画出名画，写出大作；要成为影帝，成为音乐天才，成为伟大的艺术家。我们着急，我们不知所措，我们担心时间流逝得太快，快过自己成长的速度，快过别人成功的速度。终于一天，我们会忘记，忘记了停下来去感受，忘记了什么是自我，忘记了这个世界的模样，也忘记了什么是艺术。

第一声啼哭、第一口乳汁、第一颗乳齿、第一次挨打、第一次离家、第一次看电影、第一次在课堂上和老师吵架、第一次和爱人在湖上踩着小船……亦或是第五声啼哭、第五口乳汁、第五颗乳齿、第五次挨打、第五次离家、第五次看电影、第五次在课堂上和老师吵架、第五次和爱人在湖上踩着小船……世界是公平的，每个人都有这些经历。那么在同样的世界里，怎样获得不一样的感受？那就是，将感受融进自己的身体里，染上自己的颜色。

以最真实直接的感觉为向导，在宇宙万物，时间与空间中游走、迷惘、挣扎，探寻，把它们融进自己的身体，发现体内存在着的巨大的能量，这能量既来自于所感受到的世界，也来自于自我本身。因为有自我，每股能量的颜色也有所不同，它们属于每个独立的自己，但相同的是，在这股能量之下，人们感到自由、感到幸福、感受到无尽的激情和世界的美好。于是，人们开始迫切地想要表达和传递这些感受，表达对世界、对人类、对自我、对这股能量的态度，传递他们探索到的东西，传递爱，传递信仰。

每个人表达的态度不一样，传递的信仰不一样，当这些不一样展现在众人面前时，它们又将悄悄溜进人们的上衣口袋里，藏进路边的花蕾里，飘进天空中的云彩里。回归，然后等待。

一切连通自我，自我回到一切。这无休止的循环前进，大概就是艺术了吧。

我想，要了解艺术，首先就要学会感受这个世界，然后学会认知自我，同自我对话，最后再去表达，再去聊艺术吧。

# 我的扯皮

2014级导演系 / 常好为

看了五篇冯唐，通体舒畅，现在来扯淡。我从小便是一个很扯皮的孩子，为什么要用从小便是呢，看上去视觉效果不好，换一句，我从小就是一个很扯皮的孩子，当我学会了看书以后我才发现，皮原来是这么扯的。

我在一个生日的时候买了两本书，《李可乐寻人记》和《李可乐抗拆记》，都是那个大眼睛写的，我看完了才知道什么是最简单的趣味和悲伤，他扯皮的格式就是趣味加上最后的悲伤，两部书都是这样，于是我觉得这个是最好的状态，不过后来我发现了他书里有好多东西过于网络化，就是扯了一些没意思的皮，不过这是后话，当时看的时候还觉得挺牛呢。现在《李可乐寻人记》被拍成电影了，我去看了，向我的读书生活致敬。

后来我有了周云蓬的《春天责备》，这个书我到现在也只看了半本，前半本是诗集，我当时不懂就没动，现在又没时间，郝云总唱“我想有点时间又有钱”，这是我多年未了的夙愿。这本书讲的是生活的苦难与信仰还有爱的问题，当然他没像我一样这么矫情的告诉大伙，说“兄弟们我来讲讲生活的苦难信仰和爱”。他讲了他的生活故事和别人的生活故事，反映的就是这个事，还有左小的《忧伤的老板》，大概意思差不多。相比之下姜昕的《长发飞扬的日子》就要好一些，她是把真事写成小说，书里说的黑豹和唐朝的事，如果你懂中国摇滚史，看那本书你一定会哭，我现在就在哭，我又开始怀念了，每一个人物出场在我看来是那么自然，不假思索我就知道谁是丁武，谁是窦唯，谁是王菲，谁是已经死了的张炬。如果你懂中国民谣史，你看周云蓬的《春天责备》你一定会笑，我现在就在笑，因为我又开始思考了。每一个人物活生生地在你面前出现，万晓利不仅可以悲伤的唱着狐狸，钟立风也不是个忧郁的男人，张玮玮也不是个流氓。当然后来周云蓬又写了一本书《绿皮火车》，卖得很好，可是我觉得不如《春天责备》，我在《春天责备》里还可以看见诗人在春天行走，还可以看见姑娘在角落哭泣，而《绿皮火车》太安逸了，安逸得像在绿皮火车里，尽管睡去，路还很远，不用担心。《春天责备》还让我知道了黑大春，后来我才知道，原来最厉害在这里。周云蓬貌似两年没出专辑了，写东西占据了他很多时间，不过他在帮陈升做专辑《春风大酒店》，这个专辑挺棒，里面有一首歌《春天责备》，歌词以老周的同名诗为底，然后为了效果和演唱做了一些调整，不过还是棒。说到这不得不说一下也在帮陈升的左小，这个专辑是三个人一起做的，左小也帮忙连写带唱带编曲，他还是那个风格，并且陈升在一些歌里用了左小的唱腔和歌词，没听过左小的不会体味出两个男人之间的感情。左小的那本《忧伤的老板》可以当作当代艺术入门和实验音乐入门，还有外国乐队简史来读，我不开玩笑，我就是这么干的，然后再去关注这些东西。

接下来是另一种书，写这种书的叫作王小柔，这是一个天津作家，如果我对生活有了多一份的热爱就是跟她学来的，如果我的朋友们你们在我写的东西里发现你们自己，我就是跟她学来的。我就是冯小刚说的：作践小众娱乐大众。王小柔更是如此。她的书都是正方形的，包装简单有趣，文字成为段子文学，通常见本为上海世纪出版，除了《如愿》是中信出版的，不过说话来，《如愿》是最不好玩的一本。小柔有一个不好的习惯，故事很好，文字很好，可是总喜欢在文章最后加一句总结，虽然总结也是很幽默风趣的，但这样一弄总感觉和教辅书似的，并且有质疑读者智商的嫌疑，你以为大家理解不了啊，还用你概括，真理解不了的你概括了他也理解不了。

我这有几本评论时事性质的书，比如李承鹏的《右一刀》，他左一刀右一刀剖析中国，内容记不住，特点记不住。还有个孟非的《非说不可》，内容记不住，哦记住了一点，就是在开篇时写他写了好多东西都被领导毙了，就记住了一句，后来我在听到小蝌蚪找妈妈的时候我就暗自伤心，虽然我知道这两个事本质不一样，但是都是孩子找不到妈妈。

周云蓬说生活就像弹琴，不能太松不能太紧，得松松紧紧的抠出来。我总是说周云蓬说，感觉自己像是卫慧小姐，在如同给兰州拉面里的炒饭炒面淋番茄酱一样四处引用亨利米勒。其实我想说的是扯皮就像拉拉面，不能光抻不能光摔，得抻抻摔摔的做出来。每一个扯皮的都像是拉面的大师傅，拉面的时候如临大敌，一脸的认真苦痛还有信仰，抻的时候面粉四溢，摔的时候砰砰作响。其实扯皮主要的就是这个过程，人们就为了听那些响声，等到扯皮扯到最后，就如同拉面入锅一样，大师傅长嘘一生，胳膊甩出去不带一丝力道，面条在空中没有一丝拖沓，大师傅的脸上看不见一丝火气，面就进锅了，只溅出了几点面汤让你回味。这面汤有时会落在你的皮鞋上，当你吃完面回到家的时候才看得见鞋上那一块白碱印，这时你就会惆怅，因为你全然不知这是怎么来的，你会思考这是昨晚干好事之后去厕所处理后事经过门口时滴上的，如果你确定了你又会想，今天上午女同事笑我是因为这个，于是你又开始紧张慌乱坐立不安，而负责拉面的大师傅已经坐在面馆里看着姑娘们低头吃面时露出的大胸，看着姑娘们低头吃面时撩起头发露出的侧脸，看着姑娘们低头吃面时交叉的双腿，还看着姑娘们低头吃面时向后凸的屁股。当他晚上回家时，他老婆也会在他皮鞋上发现一块白碱印，他老婆什么都没有想这是面汤溅的。其实他老婆根本没去过面馆，没见过大师傅拉面，不知道案板和灶台有七米远。由此可见扯皮的很痛快，说完了就完了，即使说了不该说的也会被人们自动认为是瞎编的，而听别人扯皮总是痛苦的，因为你会在扯皮中发现自己的影子，从而产生疑问，会以为自己做的好事被人发觉并且发觉的还是一个天桥说书的。所以大家不要总图开心去听别人扯皮，没准哪一天你就被别人把你扯成了皮，而扯皮人放手去干，只要记得，拉面扔锅里时脸上不带一丝火气，你就可以一直扯下去。

后来我又开始看余华、贾平凹、苏童、陈忠实、刘震云等，他们的玩意告诉我文字画面感要好，要多知道一点，要流氓一点。可是在一个事上我发了愁，就是文字的简洁性，这个人文字简洁性各不相同，比如余华、刘震云，一个太简洁，一个跟老太太似的，一句话说个没完。这事我纠结好了好久，后来的沈从文，劳伦斯啥的都没有解决。这个时候便去干点别的，比如找点无名的书，后来我找到了喊个没完，那一夜我们织毛衣，还是没有解决，不过我确定了语言风格，就要那种尽量不好笑但组合起来想笑的风格。突然之间想起来有一本王小波的书，拿出来重读，大汗淋漓，好像跟十个女人酣战了一番，我拿着我买的盗版的王小波全集怒吼一声：我不在金银铜铁四个时代，我在未来世界。然后我决定以王小波的人物语言开始练习。不过我也在不停补充着，摔进了廖伟棠的圈套里，我开始减少火气，让自己如同马雅可夫斯基所言：脆弱得像一面镜子。然后我又看了胡赳赳的《北京的腔调》,《北京的味道》，看了李海鹏的《佛祖在一号线》，看了《中国历史的屈辱》，还有大仙的《一刀不能两断》来塑造了我的口腔痢疾。所以我把《看见》韩寒一起看，了解一下目前现状和别人怎么想；我《孽海花》和《儒林外史》一起看，了解一下那时现状和别人怎么活。我看《晓说》提升一点文化常识，看《士为知己者死》和《三国配角演绎》学习编讲古代小故事；我看《女儿墙》《文人自带杀气》《活着活着就老了》还有《七十年代》来增加自己学识，让自己有的写。

便开始精读冯唐了，虽然我这种没什么阅历的人精读冯唐这种书听上去像扯皮，其实就是扯皮，我就是为扯皮打基础。我看了冯唐以后知道了，会的东西要用上，所以我扯皮经常用一些有点内容的东西，说相声的管这个叫文哏，好多听完或者看完我扯皮的人总在琢磨我说的是个啥，其实这一点上人们就已经输给了一个叫尘儿爷的人，他每次听完或者看完以后只会说别扯了或者快去接着扯。而尘儿爷又输给了一个叫杨天怡的，这个人还没听和看就会说你累不累啊你烦不烦啊。所以少听我扯皮，多去吃大刀凉皮，有益于身体健康。

后来我又开始关注马尔克斯了，在这段时间，我又读了好多挺新的书，新想法新构思新技巧，所有的一切给我强大的震撼，我觉得《百年孤独》真是好呀真是好，读完以后就如同汪峰所言有种凉到脚心底的自暴自弃和跳起后不能再落地的失重感觉，如果你说汪峰没说过，那么去听《瓦解》，别说汪峰没这歌，不懂中国摇滚史吧，好好补补。

在这三个阶段都结束后，我便开始写东西，我学习三者并加入自己的东西，我扯了一个天大的皮，因为我在生物课上在张老大的注视下写的一篇作文获了一个扯皮作文奖。后来我又开始扯一个天大的皮就是我的刘小草，这个要很久才能扯完，不过没人看，好多人看不懂，不知道为什么，也许是我太神经了。我后来又整了许多，蓝裙子，佛陀，相声稿子，还有水浒，其实这些都没能迷惑众人，但是现在你们都上当了。

我现在在扯皮。

# 自孤时尊

## ——关于我的艺术观

2014级导演系 / 森明佳

对于艺术的看法，我总结成几个单词：自由，孤独，时间，尊重。

自由。在对于艺术的理解上，是永远没有固定的定义与准则的，没有人可以肆意地评判别人的作品或者对艺术下一个结论性的定义。自我欣赏的角度与大众欣赏的角度是有所不同的，所以艺术不能由争论定义，艺术是不能够被束缚住的。我觉得艺术就像自然一般，是无边无际，又处处都存在的，艺术源于生活，当我看到一个人看书的姿势，看到他拿着香烟的手势，某一瞬间触碰到我记忆中的一点，我便可以把它放入我的艺术世界中去，并通过它延伸出作品，艺术高于生活。当我在进行艺术创作时，也必定是自由的，绝对不可能有杂念，被世俗物质等信息所束缚，而是由着自己的性子来的，随心所欲，任性大胆，表达自己所想表达的，不去迎合任何人，否则创作出来的我便不把它称之为艺术，而是商业。

既然艺术是自由的，便注定不会被每一个人所理解，那便会涉及到一个词，孤独。我认为，凡是具有一定造诣的艺术家的内心必定是有很大一部分孤独的成分，但他们必定是欣然接受了这种孤独的，甚至可以说是喜好孤独。孤独也是一种创作的过程，我反倒认为，一个作品若与太多人进行了讨论，或者考虑的因素太多，到最后，它往往失去了作者最初想表达的意义，而是成为一个迎合大众口味从而扭曲的东西。当你孤独一人的时候，才能够静下心来，认真地平和地去思考一些事物。所以对于艺术家，对于我来说，孤独在许多时候是很有必要的。

时间。艺术家的创作是需要时间的，而不是一刻的灵感爆发便可以在短时间内完成一部好的作品，艺术家需要一段孤独的时间，去进行创作，而且是反复的创作。当我有了一个灵感后，我会先将它写出来，但这并不意味着我会将它马上拍摄出来，而是要有一个过程，这个过程可能是几个月也可能十几年，不断地修改不断地成熟，这样最终，或许才会出现一个满意的作品。艺术家绝不要怕花费时间，因为我认为，往往最能经受住时间考验的作品，都是经过长时间和大量的心血创作的作品。

尊重。我认为任何作品都是需要尊重的，无论你喜不喜欢，能不能理解。但是都不能够用一种嘲笑或者轻浮的态度去看待它，一定要认真尊重地去看待。因为一个艺术家将自己的作品展现在世人面前，一定是经历了我所说的孤独和时间。所以无论怎样，要记住艺术是自由的，所以你可以不喜欢或者不理解，但一定要去尊重这件作品尊重那个作者。

综上所述，便是我对艺术的观点。

# 我的艺术观

2014级管理系 / 朱子轩

在这个漆黑的晚上，树枝上停着一只乌鸦。

我从它下面走过，盯着它看。

“学电影的孩子，你还真奇怪。”

我勉强稳住身子：“乌鸦，你是奥丁的仆人，还是爱伦坡碰到的，叫作‘Nevermore（永远不再）’的黑夜使者？”

“你为什么关注这些，这对你很重要吗？我什么都不是，顺便提一句，爱伦坡的乌鸦只会说‘Nevermore（永远不再）’。”

乌鸦的眼中突然闪过我的远房亲戚、邻居的眼神：“你以后会有大把大把的钞票，认识很多大明星大美女，为什么关心起路边的乌鸦？”

“你在调侃我吗？”

“或许是吧。”

“这些不是我学艺术的目的，也不是艺术本身所承载的。”

“看来你想像尼采、梵·高或是舒伯特一样，在肉体的饥寒交迫与精神的孤独痛苦中度过一生？”

“当然不是，我不排斥名利，但我认为艺术是一种创造和表达的产物，每一位艺术家创造美，感悟世界。我也相信艺术家也都希望自己的表达能够产生共鸣，然而共鸣是可遇不可求的。”

“我并不认为迎合是一件不可求的事情。”

“那些仅仅是为了迎合所诞生的所谓艺术，只能像是天上划过的流星，转瞬即逝。然而艺术并不应该是这样，真正的艺术是像希腊巴特农神庙一样，是一座花开不败的大花园，可以震撼千年之后的人。”

“看来你是准备成为一个伟大的艺术家了？”

“有人认为：艺术家总要比社会上的普通人小得多，弱得多。因此，他对人世间生活的艰辛比其他人感受得更深切、更强烈。对他本人来说，他的歌唱只是一种呼喊。艺术对于艺术家来说是一种痛苦，通过这个痛苦，他使自己得到解放，去忍受新的痛苦。他不是巨人，而只是生活在这个牢笼里一只或多或少色彩斑斓的鸟。因此，艺术家不是个顶天立地的伟人。”

“弗兰兹·卡夫卡的观点，你完全同意吗？不觉得他有些过于悲观？”

“我只是觉得艺术对于艺术家来说不仅仅是痛苦，也是责任与出口。”

“但我不觉得他悲观，‘因为，你与别人看到的不同，而且更多，总之，在你的有生之年，你已经死了，但你却是真正的获救者。’这是他的希望。”

乌鸦眼里闪过怪异的眼神：“你知道吗，很少有大一的新生敢于挑战卡夫卡的观点。”

“我只是在跟一只乌鸦讲话。”

“……那么你觉得你准备好了吗？”

“准备好什么？”

“郑重地保证自己要奉献一切为人类服务；给予你的师长应有的尊敬和感谢；凭着你的良心和尊严从事艺术；尽你的全部力量，维护艺术的荣誉和高尚的传统；将你的同道视为兄弟；不容许年龄、疾病或残疾、信仰、民族、性别、国籍、政见、人种、性取向、社会地位或其他因素的考虑介于你和你的作品之间。”

“……你等等，这些有点像……”

“日内瓦宣言。我知道。”

“那是医学界的信条，你……”

然而乌鸦只是直勾勾地盯着我。眼里闪烁着明亮的光芒。

“我只能说我尽我所能……”

“谢谢。”

“你一直在这里等待吗？就像等待戈多一样？”

“生命本身只是一个感受美的过程，除此之外都是等待。在一阵微风吹过之后，我们都将化为一片星尘。”

我猛然仰起头：“你到底是谁？你……”

“Nevermore（永远不再）.”

# 我心中尚未崩坏的世界

2014级管理系 / 李映

踏着刚铺成的石板路，路边的柳絮散发着雨后独特的芬芳，我轻轻将耳机塞进耳朵，享受着午后独有的静谧。身处电影艺术的殿堂，我想起一年前哥哥问我什么是艺术，我回他是电影是美术是文章，可如今我却觉得，每一个在描述内心最真实渴望与想法的东西都是艺术。

台湾导演蔡明亮有一部20分钟的短片叫《行者》，整部片就是一位僧人在缓慢地行走。放慢，加快，放大，夸张，是很多艺术家在艺术作品中会采用的手法，只是因为他们的内心世界没有金钱等其他复杂的东西，这些东西在他们内心本来就是放大的。很多人说，看不懂的就是艺术，其实他们只是没有看到作品的本质。每个人内心深处的情感因子都是一样的，只是大多数人用其他东西将这些因子埋没，当有一天他们经过沉淀，终于明白什么是本我时，才能理解到艺术的真谛，这也很好地解释了为什么人到中年会追求艺术。

在大多数人眼里，艺术是和现实完全相反的东西，是一些不敢面对现实的人在内心的畅想。其实不然，艺术是现实的另一种写照，只是更加露骨，更加直接。莫言在《红高粱》里写的黄土地生活勾起一代人的回忆，但这些苦难并不常在人们口中提起。陆川在《南京！南京！》里回忆南京大屠杀的血腥与暴力，南京大屠杀谁人不知谁人不晓，但又有几人致力于将其还原于银幕。而这些人都在维护他们心中尚未崩坏的世界，也是他们不同于普通人的原因。

我们家世代经商，我从小生活在一个充满狡诈欺骗的环境中。但我却做了一名艺术生，只因为我想去追寻我内心的世界。那里的一切都和金钱无关，每个人说着真话，做着实事。我们拍电影只为了传播思想，写东西只为了记录情感，画画只为了描绘想法。每个人都在维护着内心尚未崩坏的世界，就是我心中的艺术。它可以是一句道出真理的话，一张记录美好的照片，一个充满想念的电话，甚至是一个追梦的人。

东方人觉得人性本善，于是艺术便是一首首歌颂人类美好世界的赞歌。西方人觉得人性本恶，于是艺术便是一部部写实人类丑陋的电影。我们都在干着同一件事，维护心中尚未崩坏的世界。

# 艺术长存我心

2014级管理系 / 李瑞雪

艺术是什么？我一直觉得艺术是一个很神奇的东西，它带给人力量，让人们在失意落魄的时候也能够保持对生活的希望。贝多芬在双耳失聪的情况下也能够坚持作曲，这就是艺术的魅力。在物质文化飞速发展的时代，艺术为我们提供了精神食粮，让我们原本平淡无奇的生活变得丰富多彩。

艺术是无穷无尽、没有隔阂的。艺术无国界，是全世界共同的一种独特的交流形态。各国人民虽然有着不一样的肤色、语言和文化，但艺术却是相通的，它可以引起人们的共鸣。梵·高在创作向日葵时精神异常激动，向日葵金黄色的花瓣给他温暖的感觉，使他内心充满激情地去画那些面朝太阳而生的花朵。花蕊画得火红火红，就像一团炽热的火球；黄色的花瓣就像太阳放射出耀眼的光芒一般。观者在观看此画时，无不为那激动人心的画面效果而感动，心灵为之震颤，激情也喷薄而出，从而融入到梵·高丰富的主观感情中去。每一件艺术作品都是属于整个人类文明的，它是情感的体现，记录着我们精神领域的发展。艺术环绕在我们生活的方方面面，和我们紧密地生活在一起。

无论是贫穷还是富有的人，都可以欣赏艺术。绘画是一门艺术，雕塑是一门艺术，同样，电影也是门艺术。在闲暇的时候，我们可以去美术馆看一看画展，去欣赏一下雕塑，或是去歌剧院听一场歌剧，再或者也可以去电影院观看一场你喜欢的电影。近几年国家加大了对艺术的投入，文化事业、文化产业发展的越来越好，人们也可以更加方便地去接触艺术。艺术缩小了人与人心灵之间地位的差距，拉近了彼此之间的距离。

无论是哪一种艺术，都是必须要走心、服务大众的，这也许是我在电影学院这几个月来最大的收获。艺术来源于生活，再现了生活，所以艺术是要适合群众、大众化的，而不是装模作样，大众的口碑与想法也许就决定了这件艺术作品的好坏，艺术同时又高于生活。像近期上映的《心花路放》和《黄金时代》就是一个很好的对比。《黄金时代》虽然用了大量的一二线演员，可是票房仍是极不理想；而反观《心花路放》，虽然没有过多的大牌明星，只有黄渤和徐峥等，却创造了11亿元的票房纪录。因为《黄金时代》对于我们大部分人来说实在是太过文艺，很多人都不知道萧红的一生，也很少会有人想去了解，观众看不懂电影想要叙述的内容；而像《心花路放》这种搞笑幽默的片子才适合大众在“十一”这种轻松的小长假之际去观看。这就造成了《黄金时代》很多的投入却换来了惨淡的票房，而“十一”这个黄金周成为了“黄渤周”。

目前，我们的艺术作品虽然在数量上有所增加，但是质量却不高，很多艺术作品都是粗制滥造、千篇一律，没有自己的特点。抄袭与模仿似乎成为了一种“时尚”。这一点在电影等方面表现得最为明显。所以艺术工作者应该多从生活中寻找灵感、寻找素材，充分发挥自己的想象力，创作出更多更好的作品。

我觉得不管是哪种艺术，我们都要严谨地看待它，要对艺术保持一种敬畏之心，只有这样才能创造出好的艺术作品。每一个艺术工作者都应该有大师的修养和工匠的姿态，而不是相反的。所以在艺术上我们每一个人都不应该夸夸其谈，而是应该脚踏实地，要诚实，不能不懂装懂。

艺术陪伴着我们成长，而我们也即将要去创造艺术。艺术是人类的财富，艺术永存我心中。

# 我的艺术观

2014级管理系 / 宋爵亨

作为电影学院的学生，最常听到的问题之一便是电影是什么。而艺术是什么，似乎是迈上了一个更高些的台阶。容量越大，需要我们思考的也越多。总有人讲，艺术无处不在，抑或是，事事皆为艺术。就像不同的人路过相同的地点，有些人会驻足，觉得这是风景，这是美丽；有些则低头走过，只当做是一个经途。不同的人对世间万物的理解和解释都不相同，同样的，我认为艺术并不是随手拈来的一种感受，它应该是容纳的更广，震撼人心的力度更强的存在。

经济的迅猛发展让社会变得极度物质化，人人都想成功，人人都想赚钱，物质似乎已经成为衡量我们是否过得好的唯一标准。与此同时，精神层面的建设变得越来越薄弱，我们失去了和物质世界相匹配的精神世界，很少人会停下追求更多利益的脚步去感受艺术。投射到电影上，在大环境所造成的价值观下，人们去电影院的目的是去逃避现实压力，他们愿意花钱在这短暂的几小时里享受简单明确的快乐，所以有沉重的精神诉求的、那些往往被我们称为艺术片的电影就会被观众所抛弃。这样的氛围里，艺术二字显得有些尴尬和无所适从。人们趋于常规化地去欣赏所谓艺术，似乎晦涩的、不明的便是高深的、艺术性的。

前些日子去看了一个当代画家的小型画展，它以使用强烈的色彩去描绘人体而出名，我穿过拥挤的人群走过三个大展室，跟着举起手机的人一同凑着热闹拍下几张。面对满墙浓烈的色彩，却没有什么想要停下来细观的念头。直到我走进第四个展厅，这是最后一个房间，也是最小的一个，墙上寥寥挂了几幅画家的铅笔画。画框很小，要走得极近才可以看得清楚，我被一幅画名叫《阳光灿烂的某日》迷住了。同样是画花，完全不同于前三个展厅中的张扬和绚烂，它没有更多的娴熟技艺在其中，却简单极致地表现了落叶的美。当时我在想，这可能就是所谓艺术的表达力。

艺术没有界限，没有准确的定义，但它不该被混淆在任何现象里，艺术有着它独特的精神世界的表达力，不断打破我们的固态意识，不断震碎我们，再进行重组。我想这才是艺术本身的意义。

# 发现艺术的眼睛

2014级管理系 / 陈宠

作为北京电影学院的学生，艺术这个抽象的名词是我们常常谈及，却又无法回避的问题。老师也告诉我们，要拥有一双发现艺术的眼睛。然而对于艺术，每个人的理解方式各不相同。作为刚刚进入电影学院不久的新生，我看到身边的同学对于艺术有着种种不同的看法：有的同学觉得艺术非常“高大上”，是离自己很遥远、很神秘的东西，他们觉得艺术是属于那些“大师”们的，对自己来说，可望而不可及，更不要说用眼睛去观察发现了；而有的同学却不然，一谈到艺术，他们就夸夸其谈，似乎自己对艺术了如指掌，艺术于自己即是近在眼前，而自己的眼睛，分分钟可以看到艺术，分分钟可以挖掘艺术。

同第一种人一样，我眼中的艺术也算是离我很遥远的。想去发现却又不知从哪里发现，怎么发现。于是我上网百度了一下，它告诉我：艺术是人类通过借助特殊的物质材料与工具，运用一定的审美能力和技巧，在精神与物质材料、心灵与审美对象的相互作用下进行的充满激情与活力的创造性劳动。如此精练的语言，要是让我自己提炼概括，恐怕不知是什么样的了。如此精炼的对艺术的概括，我想，就算我长八只眼睛，就算艺术就在眼前，我可能也不会发现。

在我眼中，艺术就是人们用双手，抑或是其他工具，运用各种材料，将自己对自然、对生活以及对人的想法进行加工、升华，从而转换成另一种唯美而神秘的外在形式。生活中到处充斥着各种悲欢离合，人们才要通过艺术品来达到共鸣，使其他人得到感染，得到认同，从而凸显价值。正是人们的精神感受上需要得到满足，需要产生共鸣，我想，这才促使了艺术的产生。

诚然，我眼中的艺术当然和电影有着密切的关系。电影是艺术大家庭中年轻的一员，作为未来的电影从业人员，我们也是艺术的创造者。当今的中国电影市场虽很繁荣，但是，也存在着许多保质不保量、保量不保质的问题，存在着许多抄袭模仿、千篇一律的问题，存在着机械化生产、快餐式消费的问题。我认为，艺术虽然是放飞想象的翅膀，但一定要脚踩坚实的大地，扎根于人民、扎根于生活，拥有一双发现艺术的眼睛，善于观察，善于体验。作为新时代的中国电影人，我们要做的便是从生活中取材，从生活中创作，让人们从电影中，抑或是那些艺术品中，找到自己若隐若现的影子，从而抚慰自己的心灵，找到自己的归宿。

而现在，我只是刚步入电影学院的一名大一学生。我们应该在努力学习专业知识的同时，不断提高自己对于艺术的理解与认识，用自己的眼睛发掘身边的艺术之美，争取在毕业后，或是进入社会后创作出更多的、更好的优秀影视作品，让人们看到美好、看到希望、看到梦想就在前方。

# 我的艺术概念

2014级管理系 / 郭山新雨

艺术是一种文化现象，是情感的需求创造出的新兴之美，借此展现出内心的欲望情绪。

艺术是我们生活中的一部分，像绘画、雕塑、建筑、流行歌曲、古典音乐、舞蹈、武术、戏剧、电影等，都是可以表达美的行为或事物。

艺术源自生活，却高于生活。从古代的岩石壁画、纹有简单图画的陶制盆、各种骨质装饰物、衣服等人类文明都与艺术结下了不解之缘。在我们家里，门上的木雕，室内的摆放也是一种艺术。艺术是人通过手或其他工具将自己对自然，对生活，对事件的感受、想法以及把自己的理解进行升华，转换成一种美，然后通过各种材料表现出来，最终得到大众的好评和喜爱。

我们的生活当中，物质需求和需要永不间断。现实生活中有各种悲欢离合，人情世故，这时我们需要释放，因此艺术家通过艺术品使其他人受到感染，得到共鸣从而凸显其价值观。正如我们精神上需要得到慰藉，心灵需要得到一种美的浸润，才会有艺术的产生。艺术是无国界的，有一种独特的交流方法，我们来自不同国家、地区的人，都能知道它要表达的意思。

如果我们的生活里没有了艺术，将会是什么样子，这是无法想象的。一切都会变得冷清，没有生机，将会是一潭死水，了无生趣，没有了梦想，没有了追求。

因此，艺术带给我们精彩的生活，高雅的气质，无穷的快乐。

艺术也是一种表达爱的方式。

# 简论感悟艺术

2014级管理系 / 梁凌

似乎我跟艺术这种东西还是比较有缘的。

母亲闲时曾与我说过，幼儿园中班的时候有舞蹈学校的老师来选“有灵性”的小孩子，一眼看中了我，只是被母亲拒绝了。

而我的印象中，第一次真正接触到与艺术沾上边的事物是钢琴。5岁时，母亲朋友的家里，大约是因为天生对音乐比较敏感，亦有可能是因为小时候对花花绿绿的东西比较好奇，而被朋友的钢琴谱上一张小花一样的贴纸吸引住了视线，总之，未多加考虑，我就拉着母亲说，我要学弹钢琴。

弹钢琴可以说是我推开“艺术”这扇门的标志性动作。推开这扇门之后，各种“艺术”好像活泼的小精灵，长着翅膀朝我飞来，于是我去学了舞蹈、声乐，走T台……但事实上，这些我所接触的“艺术”在我看来，更像是一群美丽的精灵环绕在身上形成了华丽的衣裳，让我在“艺术的殿堂”里高端的晚会中随处游荡却无法融入。

因为艺术应该是悟出来而非仅仅学出来的。

所谓悟出艺术，最首要的是感受。我们常说，习乐器、舞蹈、声乐这些东西，都是在学习艺术，也就将艺术与这些东西等同了。然而学习这些“艺术”的人有多少，最终能被称为“艺术家”的人又有几个？很容易回答出，此二者的区别在于赋予这些艺术上情感的丰富度。这便牵扯到了情感这个词，情感由一个人对食物一样的主观感受得来。也既是说，艺术家所演绎出来不同于众人的真正的艺术，其与普通“艺术”的本质、最核心的不同就是感受深度广度的不一。换句话，普通艺术只是学来的或是悟得不深的，而真正艺术首先是感受出来的、悟出来并悟到极致的。施莱尔·马赫曾说："人的心灵具有一种虔诚的迷醉般的狂喜，在这种状态中，整个灵魂都在有限与永恒的当下直接的情感中融化了。"艺术的主体是人。

在感受到了艺术，开始从学艺术变为悟艺术之后，下一步就是思考。知道为什么不是所有写作的人都能称为作家？因为作家会思考。也许写下同样的意思，好比"大自然的气息使我愉悦"，水平庸碌之人如我只能如此形容，但假如是一位懂得写作艺术的作家，他可以用他经过思考后的，或华丽或朴素，总之非常有感染力的文字去形容，以致大自然的气息不仅使我愉悦使他愉悦，还能使看到那些文字的人都感受到愉悦，这便是通过思考将艺术传递出去了。博爱众生视之大爱，那么可以传递的艺术则应该称为真正的艺术了。我们都知道，艺术的终极关怀是创造美、传递美、培育美，其中传递是创造与培育美实现的必要方式（补充一句：艺术的美绕不开温暖和爱）。

但还有一个问题，为什么有些艺术家创作的作品是经典，有些艺术家的作品却只能一时风靡转瞬即逝？条件限制，我只能浅谈以我自身想象并思考的想法。一个人想要砍树，假如他是学艺术的人，他在纠结于选哪一把斧头，或者纠结于从哪个角度开始砍，反正是不会真正动手尝试砍下去的；假如他是一位勉强称之的艺术家，他一斧头砍下去，树没倒，他放弃了，说"这树砍不倒"；假如他是一位能创作出经典的艺术家，一斧头砍下去没倒，他会再次举起斧头。艺术家能感受能思考，而经典的艺术家还能反复地思考完善自己的作品，在悟出艺术的过程中使艺术感深入骨髓，甚至成为一种本能。而大多时候，我们这些做不到如此坚持的人，也许出于难以言明的类似可能的嫉妒又艳羡的心理，会说那是一个人的艺术天赋。

我们都明白，这么一大段可以说都是空话，不然所谓的音乐、绘画、雕塑、戏剧、文学、舞蹈、电视、电影又为何称为八大艺术。然而对比前面所说的，学习这八大艺术也只是学习"艺术"，这些"艺术"是艺术的载体，是艺术物质化、形象化、明确化的表现。但相应的，在没有达到精神上感悟境地的时候，我们是需要这些物质上的实体的艺术来打基础的。不拿起画笔你永远不可能成为达·芬奇，不比画石头你永远不能与米开朗琪罗神交，不按下琴键你永远不知道郎朗弹的到底是什么。

在电影艺术上，我们听过这样一句话"演而优则导"，也许我们可以如此解释：表演艺术感悟到了一定境地，通过导演艺术来使表演境界更加超越，最终利用艺术共通的关系使二者都得到提升。总的来说，"艺术"跟艺术有先一后二的关系，而在感悟艺术时若遇到了瓶颈，两者便更像是相辅相成的关系了。

当我们胡扯了这么一些悟出艺术的道理之后，也别想只用"感受、思考、再思考"就能成为"经典的艺术家"了。将一个人通向艺术的道路比作一米，那这些动作只是到达终点的最后一厘米所要做的；前面还有九十九厘米，甚至在起点处还有一扇“艺术之门”。艺术之门跟前面九十九厘米，都是作为基础的“艺术”，打好了基础，还有最后一步最重要的一步，就是最开始说的感受、思考、再思考，当所有都做到，艺术感由心而出时，也许就可以真正自豪而坚定地对别人说，我接触到了艺术。

# 现代艺术之我见

2014级管理系 / 谢宇

首先，我需要说明艺术是什么东西。对我来说，艺术是一种自我表达。我现在在学电影，电影就是表达自己的一种方式，当然，自我表达还有许多不同的方式，比如说音乐、油画、舞蹈、雕塑、诗歌，等等。通过艺术这个媒介，人们可以分享他们的感受和思维方式，还可以实现他们在现实实现不了的梦想。艺术是某个能吸引人眼光的东西，不论艺术家想要表现感情或者思想。人们应该从艺术当中得到启发。但我认为艺术可以分两种，好的和坏的。

从几千年以前到现在，艺术一直都存在着，随着时代的变化和人类思维方式的变化，我们可以看到艺术的进化。比如说，上个暑假在美国有一个人把一堆垃圾扔到床上然后把它称为艺术，最令人惊奇的是还有人用20万美元把它买下了。这个就是坏艺术的例子，在达・芬奇的时代这种东西不可能成为艺术。但是，随着时代的发展，有些人认为这些东西很好看，很有创造力。最终，艺术的魅力就是每个人会从艺术当中得到不同的结论，因为每个人的经历都不同，所以各自有各自的理解。

我最喜欢的艺术表达方式是音乐和电影，因为歌手可以通过旋律、歌声、歌词来打动人心和传达思想。我常常在听音乐的时候入神，因为音乐可以把我“带到”一个安宁的环境，可以让我认真思考。我喜欢电影的原因是，电影里面包含了音乐、油画、舞蹈、摄影各种艺术，电影可以完美地把导演的想法表达出来。

总而言之，我认为现代艺术的水准没有以前高了，同时我也认识到艺术没有唯一的定义，每个人都有自己的定义。所以我也只能说，我认为现代艺术没有以前的好了。英文里有一种说法，beauty is in the eye of the beholder，美在观看者的眼中，艺术观也是这样。

# 真实即艺术

2014级管理系 / 虞子寒

在我认识的世界里，我希望它们都是真实的。而艺术如果伟大，那也应该是真实的。我始终认为，矫揉造作和无端炫技都是虚无，而艺术，一定要有什么深厚的东西，才能长存。

《洞察世界的艺术》中有这样一段话让我十分认同：一个热爱古典建筑的完美形式的作家，是不会让自己写出叠床架屋、结构复杂的散文作品的。他必然力求使散文的各个局部之间谐和对称，使遣词造句严谨朴实。他必然避免过多地使用装饰物，即作为图案装饰风格，因为这种风格只可能使散文作品淡而无味。

穿越古今，能长久保留下来的，那一定是有情感积淀的，情感才是最有分量的，才是深厚的东西。古时的诗、词、歌、赋之所以流传，一定不是因为它的重章叠句，五言七句。如果李白、杜甫只在意起承转合，句式对偶，那也没了诗仙诗圣之说，是他们诗中流露出不畏权贵的不羁和忧国忧民的哀伤使世人共鸣；如果《诗经》只注重赋比兴那么一定不会被千古传颂，《关雎》的"辗转反侧"，《蒹葭》的"在水一方"，诗歌中对爱的渴望铸就了读者美的体验，才会口口相传，流芳百世。

"艺术"二字，对于我来说，是一个宏大的概念，总给人以一种高高在上的仰视感，但在我看来，并不该如此。艺术是人创造的，让人获得感动的东西。那一定要让人得到共情和共鸣之感，而不是看不见摸不着的技艺。

远古时期，早期人类在壁上作画，描摹自己生活的轨迹，希望留下自己存在的痕迹，这是用生命描绘的艺术；战争年代，抗战烈士写下一篇篇鼓舞人心的壮烈史诗，带着他们的热血与责任，警醒着世人……我们或吟诗或作画，或载歌或载舞，我们尽可能地利用一切去表现我们的精神世界，无非也是表达我们的感情，我们需要宣泄。

艺术本就是感性的，是无法用理性去分析解构的，它只能用感情去解释。看到一幅画作，也许有人流泪，有人嘲笑，难道有对错之分吗？当然没有。所以对于能称为艺术的作品，人才是主宰，感情才是主宰。

我认为最令人感动的言语是苏轼所说的：“情发于中，言无所择。”说的是讲话的方式或是措辞可能会有所不当，但是表达的情感却是真实的，发自内心的。一个作品如果能实实在在地表达作者真实的诉求，而感动你我，那就可称之为艺术。

**图书在版编目（CIP）数据**

我的艺术观 / 全颖华主编. —北京：中国电影出版社，2018. 1

ISBN 978-7-106-04849-5

Ⅰ. ①我… Ⅱ. ①全… Ⅲ. ①北京电影学院—思想政治教育—研究 Ⅳ. ①G641

中国版本图书馆CIP数据核字（2017）第330666号

责任编辑：任苡达
孙维维
封面设计：那　莎
版式设计：马潇潇
责任校对：孙　健
责任印制：张玉民

**我的艺术观**

全颖华　主编

---

**出版发行**　中国电影出版社（北京北三环东路22号）邮编100013
电话：64296664（总编室）　64216278（发行部）
64296742（读者服务部）　Email:cfpygb@126. com

**经　　销**　新华书店

**印　　刷**　北京玺诚印务有限公司

**版　　次**　2018年1月第1版　2018年1月北京第1次印刷

**规　　格**　开本/185×260毫米　1/16
印张/17.25　字数/300千字

---

**书　　号**　ISBN 978-7-106-04849-5/G・0840

**定　　价**　48.00元